协商民主:民主理论的变迁与实践

马 奔 著

山东大学出版社

图书在版编目(CIP)数据

协商民主:民主理论的变迁与实践/马奔著.
—济南:山东大学出版社,2014.7
ISBN 978-7-5607-5093-4

Ⅰ.①协…
Ⅱ.①马…
Ⅲ.①民主协商—研究—中国
Ⅳ.①D62

中国版本图书馆 CIP 数据核字(2014)第 170700 号

责任编辑:徐　翔
封面设计:牛　钧

出版发行:山东大学出版社
　社　址　山东省济南市山大南路 20 号
　邮　编　250100
　电　话　市场部(0531)88364466
经　　销:山东省新华书店
印　　刷:山东泰山金彩印务有限公司印刷
规　　格:720 毫米×1000 毫米　1/16
　　　　12 印张　200 千字
版　　次:2014 年 7 月第 1 版
印　　次:2014 年 7 月第 1 次印刷
定　　价:32.00 元

《政治发展与治理研究系列丛书》

编委会

总 序

2011年是山东大学建校110周年。作为中国近代第二所官办大学——“山东大学堂”，山东大学的积累之悠久，底蕴之深厚，堪可感慨系之。

晚清光绪二十七年(1901年)，山东巡抚袁世凯奏呈朝廷并由光绪帝御批的《山东大学堂章程》中，就山东大学堂的办学宗旨作了这样的阐述：

> 公家设立学堂，是为天下储人才，非为诸生谋进取；
> 诸生来堂肄业，是为国家图富强，非为一己利身家。

在20世纪初叶，在东渐之西学纷至沓来的近代中国，袁氏奏呈的“办学章程”有着某种意义上的传承性与超越性。愚以为，袁氏立意“天下”、“国家”，绝非其偶然心念一动，在这一理念的背后，当是数千年孔孟儒学传统文化精粹的蕴聚与支撑。为了“天下”、“国家”，而非“一己”之“进取”的办学理念，在那个中华羸弱、列强环伺的年代，越发彰显着山东大学的历史使命与民族责任，成为山东大学立足与发展的价值础石。正是基于这样的理念，山东大学在伴随着时代动荡、社会变迁的百余年行进途中，尚能安然把握着方向与节奏，使之得以在不同的历史阶段，均能汇聚时代的学术精英，渐次积淀了丰厚的学术内涵和大学文化底蕴。迄今，亦能风雨无阻，依然跻身于全国高校第一方阵的前排。

政治学与公共管理学院是山东大学百余年行程过半的时候才得以

组建的,如今业已年过而立。作为全国政治学与公共管理学在山东区域的一方重镇,其或发展或进步或逡巡或蹒跚,总会令人瞩目,引人关注。作为山东大学不可割舍的肌体,政管学院之举手投足、一笑一颦,往往事关全校的布局与发展,甚或波及百年山大之盛誉。于是兹事体大,吾侪不敏,遂以《论语·泰伯》之教训为警醒:“士不可以不弘毅,任重而道远!”为此,于2009年即谋划聚合全院教师,协同努力,做一学术振兴。列为其重要举措之一,即出版学术著作若干,自成体系,冠名曰“政治发展与治理研究系列丛书”,为的是既能涵盖学院诸多学科,又能与主体方向不离不弃——推动山东大学政治学学科建设与发展而积累学术内涵;同时,在这样的操练过程中,不断推出青年才俊,实现个体与整体的同步迈进。

我们肩负着学界前辈的成就与希冀,我们延续着百年山大的底蕴和盛誉。在当下学术与世俗混而难分、盛名与实学真伪莫辨的“转型时代”,我们当以山大人的真诚与辛劳,为学界奉上这组系列文字。目的是弘扬学术,以文会友,抑或移风易俗,振兴我山东大学之政治学学科。

是为序。

葛荃

山东大学政治学与公共管理学院教授兼院长

2012年12月17日 重识于巢舍

序言

民主理论在不同的社会发展阶段有着不同的主题和形态。从古雅典到现在,民主理论几经变迁,呈现出丰富的多样性。古典民主意味着自由而平等的公民,通过公民大会等形式直接参与城邦的治理。这种参与并不是实现其他目的的手段,参与本身就是目的,公民只有参与政治,个人的道德才能趋于完善,人性才能充分展现。这时,选举被认为是寡头性质的,因为某些人可以凭借其出身或财富,容易在选举中胜出,而话语、言说和讨论被认为是民主的本质。在公民大会等形式上是否享有平等的发言权,决定了一个公民是否真正参与了对公共事务的管理。

但是,随着民族国家的建立,以直接参与公共事务讨论为主要特征的古典民主已经被代议民主所取代。随着代议民主的实践,熊彼特(Joseph Alois Schumperter)等人认为古典民主是规范性的,是从应然的角度把民主理想化,这样的民主理论已不能令人信服地分析现实民主国家是如何运作的,因此,他们试图构建出一种对现实更具有解释力的民主理论。通过对现实国家民主制度运作的考察,熊彼特提出了"竞争性选举民主理论"的经典定义,即"民主就是那种为作出政治决定而实行的制度安排,在这种安排中,某些人通过争取人民选票取得作决定的权力"。由于熊彼特等人认为公民是懦弱的、冷漠的、堕落的、易受感情控制和外部力量左右的非理性"动物",因此,公民在选举民主中的作用,只是通过投票来选择替他们治理的领导人,民主也仅仅成为择取领导竞争方法的副产品。

实际上,选举民主自产生以来就遭到了众多的批评。如巴伯认为,选举民主就像“一位心脏欠佳的长跑选手,表面上跑得稳健,但内在的力量却迅速消耗”,以至于出现一些“病症”。这种以多党竞争选举为核心的民主由于其本身固有的缺陷,最终沦为“弱势民主”(weak democracy)。到了20世纪90年代,协商民主对选举民主的缺陷也进行了批评,并逐渐成为当前民主理论的一个重要研究领域。有些协商民主理论者甚至认为:“民主的本质是协商,而不是投票”[①],以“投票为中心”的民主理论应该逐渐被以“协商为中心”的民主理论所取代。甚至有的学者认为,19世纪到20世纪初,民主化关心的是扩大选举,落实每个公民投票的权利;今天,民主化重视的是如何扩大公共领域,让每个公民都能发表意见。“发声(voice)而不是选票,成为新的赋权方式。”[②]

协商民主就是在反省选举民主理论的基础上,重新赋予公民参与公共事务的积极性,认为公民的政治参与不应该局限于定期的投票和不定期的游行示威等活动方式,公民应该在信息公开透明的条件下,依据一定的程序,自由而平等地对影响到自己的公共政策进行公开且充分的讨论,通过公共协商赋予决策的合法性,从而提升民主治理的品质。协商民主在两个方面希望对选举民主有所改进:第一,选举民主强调公民通过投票授权给代理人,让他们替自己治理国家;而协商民主认为公民的参与不应该局限于票决,应该直接参与公共事务的治理。第二,选举民主强调选票和多数决定原则,而协商民主则关注票决之前的公共协商和讨论。

协商民主自兴起以来,经历了三个主要阶段的发展,目前西方协商民主研究已发展至第三代,正经历从规范论证到实证研究的转型,是西方民主政治研究中的一个重要领域,由50多个大学和研究机构组成的“协商民主联盟”(The Deliberative Democracy Consortium)[③]和专门的“公共协商”学术期刊(Journal of Public Deliberation)来推动协商民主的研究和实践。[④] 另

---

① [澳大利亚]约翰·S·德雷泽克:《协商民主及其超越:自由与批判的视角》,丁开杰译,北京:中央编译出版社,2006年版,第1页。

② Chambers Simone. “Constitutional Referendums and Democratic Deliberation,” in M. Mendelsohn and A. Parkin (eds.), *Referendum Democracy: Citizens, Elites and Deliberation in Referendum Campaigns*. NY: Palgrave, 2001, pp. 231-255.

③ 参见协商民主联盟网站:http://www.deliberative-democracy.net/,访问日期:2014年4月17日。

④ 参见公共协商期刊网站:http://www.publicdeliberation.net,访问日期:2014年4月17日。

外，一些国外著名学术期刊也对协商民主和协商治理的研究予以重视。[①]也就是说协商民主目前在西方已不仅仅是停留在规范层面，而且在协商民主理念和正式体制的接轨方面，即"民主对话的制度化"方面也有很大进展，创新出许多具体的制度设计，如共识会议、协商式民意调查、公民陪审团、愿景工作坊和协商日等。当前，协商民主不仅在欧美国家得到广泛的运用，而且亚洲的许多国家和地区也开始实践这种新兴的民主形式，如日本、韩国和中国台湾地区就多次举办了共识会议等形式；协商民主的实践甚至已经超越了民族国家的界限，如欧盟也开始把协商民主作为解决其"民主赤字"的重要手段。

协商民主是立体式的，是企图为民主的未来筑梦，是民主想象的继续而非对民主现状的描绘。因此，协商民主从一开始产生可以说是一种规范性的理论，试图恢复古典民主中公民的积极身份和协商的传统，重新肯定了参与和协商在民主理论建构中的重要意义，这样就提供了对现存民主制度一个检验和批判的标准，希望用理想的（规范的）力量改善现实民主运作的弊端，当然这种理想的理念必须落实到制度设计上才有可能提升民主的质量。实际上，在协商民主与选举民主的关系上，尤其在现代民族国家，协商民主不是全盘取代也不可能取代选举民主的运作，它只能依存于现有的民主体制的活动或过程而存在。

同任何理论一样，协商民主也面临着质疑和挑战，如当公民就某个议题协商后，尤其是相同观点的人在协商后，如果没有得到不同观点的质疑时，更会做出极端的举动，导致协商后出现"群体极化"的现象。协商条件的不平等限制着协商的效果，影响着协商民主的实现，这种情况下，协商不但不会规范政治的运作，反而会导致政治的动荡。对特定议题掌握信息最充分的是那些直接从该议题获利的人，吸引参与协商的是具有"马基雅维利式"品性的人，他们有强烈的诱因参与协商，这样协商结果反映的是具有利益偏差的协商，也会威胁协商民主的质量。在社会分工的前提下，任何公民都没

---

① 如2000年，《行政管理理论与实践》(*Administrative Theory and Praxis*)在22卷第1期，刊登了以"对话和论述"(Discourse and Dialogue)为主题的文章，强调协商的重要性；2006年，《公共行政评论》(*Public Administration Review*)在66卷第1期专刊上，刊登以"合作式治理"为主题的系列文章，认为合作式参与是治理的重要方法，未来要加强对协商和参与式治理(Deliberative and Participatory Governance)的研究；2009年，《政策和社会》(*Policy and Society*)的第28卷第3期，以"权力脉络下的协商治理"为主题(Deliberative Governance in the Context of Power)，探讨协商民主与环境正义的问题，并分析协商民主在荷兰、埃及和巴西等国的个案实践。

有精力、知识和能力对所有公共事务有深入的了解并进行明智的判断,官僚和专家对公共事务的主宰是符合社会分工原则的,因此,社会分工的条件下,如何平衡精英和民众的分歧也是协商民主不得不面对的挑战。

关于中国民主政治发展的讨论,不再是该不该推进的问题,而是如何更加有效推进的问题。但"民主的基础是民主的双腿,只有在测量了这双腿和它们的跨度之后,理想才能真正显现出风采,才能给我们的步伐以动力和方向"。当前,一方面,我国经济、社会结构的多元化使公民对竞争性直接选举民主的需求越来越强烈;另一方面,我国民主政治发展有着明确的价值取向,不主张搞竞争式民主,回避竞争性的价值偏好和制度设计。因此,我国民主政治发展的难题是:在不得不告别非竞争性民主,而竞争性直接选举民主又面临着困境和国家价值偏好选择的情况下,怎样推动中国的民主政治发展?这个时候,协商民主在中国的运用可以在一定程度上缓解选举民主的压力。

因为协商民主实际上是一种"治道民主"(治权的民主),就是不问统治权力来源这个最基本的问题,关心立法和公共决策等公共事务治理领域是否民主的问题。因此,协商民主是民主政治的"改良",而非"革命",也就是不在于变革现行权力结构的安排,通过各种协商民主的形式将社会不同的利益和要求汇聚到公共治理的过程,这样公共治理不再是少数精英的专利,而是呈现出大众性、开放性和参与性的特点。通过公民对立法和公共决策等领域的参与和协商,可以激发良好意见的表达,增强公共治理的合法性,改善民主治理质量,这样就可以在一定程度上缓解竞争性选举民主的压力。

协商民主在中国的运用也有着局限性。因为民主政治的根本是"政道民主"(政权的民主),也就是关注统治权力来源合法性这个最根本问题的民主形式。在政权民主和治权民主的关系上,只有政权民主才能保障治权民主的顺利运行。在现代国家,政权的民主就是选举民主,通过选举赋予统治者治理国家的权力与合法性。"尽管选举常常是不可靠的和令人质疑的,但目前在世界上绝大多数国家,选举已经成为执政者取得合法性的关键步骤。在前苏联、非洲、中东和其他国家与地区,许多半独裁的领导人常常煞费苦心地举行至少似是而非的选举,而不是未通过选举就直接掌权,就证明了这一点。在许多国家,真实的情况可能是有选举但并非有民主,然而在任何国家，无选举则根本不可能有民主。”[①]实际上，当前协商民主在中国运用的最大局限就是，由于选举民主的“赤字”，官员能否真正体会到手中的权力是人民赋予的？能否真心实意地与公民进行协商？这会影响到协商的真实性。

因此，只要发展中国的民主政治，即使选举民主在中国面临再大的困境，终究是绕不过去的一个门槛。不能认为协商民主可以缓解选举民主的压力，我们就可以无限期地推迟选举民主在中国的推进。在现实条件下，中国的民主政治发展不能在“选举民主”与“协商民主”之间进行“单项选择”，也要“两手抓两手都要硬”：一方面要对改革开放后日益增长的竞争性民主需求进行回应，扩大选举民主的范围和质量；另一方面要大力发展协商民主，除了各党派、各界别的代表参与协商外，也让普通公民参与到公共事务治理中的讨论、沟通与协商中，这就需要“深入开展立法协商、行政协商、民主协商、参政协商和社会协商，推进协商民主广泛多层制度化发展”。

马 奔

2014 年 6 月

---

① Carothers Thomas. How Democracies Emerge: The“Sequencing”Fallacy. *Journal of Democracy*, 2007, Vol. 18(1): p. 21.

目　录

第一章　导　论

"民主是个好东西。"这个起源于古希腊政治实践、被称之为"民主"的东西，现在已经成为普世的价值①，即使专制的政体也不得不用民主为其遮羞来掩盖专制的事实。民主的出现是人类文明发展的一个重要标志，可以预期的是，只要人类存在，对民主的追求就不会停止。但是，在从古典民主向现代民主演进的过程中，对民主的争议却从来就没有停止过。在民主演进实践的过程中，最为突出的特点就是在"民主"的前面出现了很多的修饰语，如代议民主、直接民主、间接民主、程序民主、选举民主、精英民主、竞争式民主、强势民主、发展型民主、保护型民主、参与式民主、麦迪逊式民主、多元民主与协商民主等等。民主前面的这些修饰语一方面深化了对民主的认识，另一方面也导致一定程度上的混乱。本章一方面对一些加修饰语的民主概念进行简单的释义，另一方面从问题意识出发，提出本书所要研究的主要内容并进行宏观的描述。

① 如诺贝尔经济学奖获得者阿玛蒂亚·森认为，民主政治是普世的价值，虽然具体的民主政治制度难以照搬，但是民主政治的普遍原理是完全相通的，文化差异和国情的特殊性不能成为抗拒民主政治的借口。（参见[印度] 阿玛蒂亚·森：《民主政治是普世价值》，载刘军宁主编：《民主二十讲》，北京：中国青年出版社，2008 年，第 232～244 页）

第一节　名词释义

一、协商民主

本书研究的协商民主,是对 Deliberative Democracy 的中文翻译。关于 Deliberative Democracy 的翻译方式并不统一,因为 Deliberative 本身具有"审议的"、"审慎的"、"深思熟虑的"、"讨论的"和"协商的"等意思,在对 Deliberative Democracy 不同的理解下,主要有以下几种译法:审议民主、商议民主、商谈民主、思辨民主和协商民主等。中国内地主要把 Deliberative Democracy 翻译为"协商民主",也有的翻译为"审议民主";而台湾地区主要把 Deliberative Democracy 翻译为"审议民主"。

有的学者认为,把 Deliberative Democracy 翻译为"协商民主"的理由在于:一是该词能够相对表达参与主体的平等地位、对话和讨论、权力制约、批判性反思、妥协与共识等基本特征;二是更为重要的是,这样翻译更容易与本土话语和资源对接,并赋予本土话语以新的意义①,扩大了协商民主在中国研究和实践的空间。但是,对协商民主这种翻译方式也有不同的看法。如有的学者认为,这样翻译存在两个问题:一是"协商"一词在中文语境中的含义和"Deliberative"有着一定的差距,至少在口语中,"协商"具有相互让步、讨价还价的意味,这不是 Deliberative Democracy 所强调的内容。二是这样翻译容易让人有先入之见,使人联想到或误以为中国特有的政治协商制度就是协商民主,这一译法会削弱 Deliberative Democracy 本身所具有的启发意义;尤其是如果把我国实行的政治协商制度误认为是 Deliberative Democracy,这样我们就不需要引进 Deliberative Democracy 了,等等。因此,认为应该把 Deliberative Democracy 翻译为"审议民主",这种译法不仅表达简洁,而且符合汉语表达习惯,尤其是在意思上兼顾了"慎思"和"明辨"两方面的含义,审者,审慎;议者,讨论。慎思之且明辨之,这才契合其本义。②

---

① 陈家刚:《以协商民主看待政治协商》,参见中国人民政协理论研究会网站:http://www.cppcc.gov.cn/2011/11/21/ARTI1321842150546313.shtml. 访问日期:2014 年 4 月 17 日。

② 谈火生编:《审议民主》(编选说明),南京:江苏人民出版社,2007 年,第 6～7 页。

关于 Deliberative Democracy 翻译的争论，就笔者个人观点而言，这两种不同的翻译本身没有对错之分，也正是存在不同的翻译方式，可以引起学界对 Deliberative Democracy 本义的关注，促使学界深入思考 Deliberative Democracy 到底是什么样的民主理论，从而辨明这两者翻译之间的差别以及与中国政治协商的区别与联系。[①] 把 Deliberative Democracy 翻译为“协商民主”，这种方式可能更注重与中国本土资源的结合，以便更容易在中国推行；把 Deliberative Democracy 翻译成“审议民主”，这种方式可能更注重理论本身的内涵，以求对理论自身进行深刻的解读。本书采用的是“协商民主”的译法：一是考虑到“协商民主”这种翻译方式已在学术研究、党的施政纲领和实践层面产生较大影响且被认同，虽然“审议民主”这个概念在中国台湾比较常用，但在大陆还没有被普遍认可，故采用协商民主的翻译方式。二是考虑到对协商民主的研究不应该仅仅局限于对其理论自身的解读，还应该对其进行借鉴，以推进中国的民主政治发展。因为尽管中国的基层民主实践、政治协商和人大制度中确实含有协商民主因素，但如果没有新的观念引入，很难对其进行很好的诠释，通过协商民主的引入会激活中国政治实践和制度中沉睡的东西。[②]

二、选举民主

在现代国家，谈到民主时，不得不说有一个核心要素是无法回避的，那就是选举。选举民主是在现代国家和社会分工条件下落实民主理念的一种有效方式，一个国家是否存在公开、公正和公平的选举成为衡量一个国家是否民主的标志。可以说，选举民主是现代国家最为普遍实行的民主模式，是指全体公民通过选举的方式选出代理人，通过这些代理人来代替自己行使统治和治理国家的权力。在选举民主的发展历史进程中，逐步取消了对选举人的财产、教育和性别等的限制以及选举权限定在合理的年龄人群内，这使得选举权从少数人拥有到大多数人拥有，再加上从间接选举到直接选举

① 2012 年 12 月 14～15 日，世界与中国研究所、共识网和浙江温岭市民主恳谈办公室联合主办的“协商民主及其在中国的实践”主题研讨会，在这次会议上，一些专家和学者就 Deliberative Democracy 的翻译问题也进行了讨论。（参见共识网：http://www.21ccom.net/special/xieshangminzhu/访问日期：2014 年 4 月 17 日）

② 谈火生：《协商民主：西方学界的争论及其对中国的影响》，载《中国党政干部论坛》2013 年第 7 期。

的转变,可以说,选举权的落实与扩大是民主化进程中最为重要的标志,选举已经成为民主的代名词,选举民主也成为最有支配性的民主形式。

选举民主是一种间接民主,在这种民主模式下,除了在选举中可以挑选谁成为代理人之外,公民只保留定期选择新的代理人的权利,在平时公民并不直接参与公共事务的治理。在代议民主下,如熊彼特所言,民主只能成为选取领导竞争方式的副产品,选举民主的核心是选择代理人,代议民主的落实要靠选举民主的运作来落实。毋庸置疑,选举民主本身强调的选举应该是竞争性的选举,竞争是选举民主的应有之义,离开了竞争,选举民主有可能是虚假的,实际上很多国家有"选举"无"民主",选举缺乏竞争性,是一种安排式的选举。本书在谈到"选举民主"这一概念时,通常强调的是竞争式选举民主。由于选举民主本身运行的逻辑,在实际的运行过程中,也存在着四对悖论或者说紧张关系,即同意与效率、代表性与治国能力、冲突与认同①,以及更为深刻的自由与平等之间的紧张关系。②

三、直接民主

直接民主古希腊民主模式的基本特征,"在希腊人那里,凡是人民所需要做的事情,都由人民自己来做;他们不断地在广场上集会。他们生活在温和的气候里,他们绝不贪求;奴隶们在做他们的劳动;他们的大事只是自己的自由"③。可以说,直接民主是指统治者与被统治者身份重合的一种民主模式,在这种民主理念下,公民作为国家的主人直接参与、讨论、决定和管理公共事务,而不是通过代表来进行。卢梭在《社会契约论》中把人民直接参与公共事务的治理认为是人民追求真正自由的前提,人民主权的本质是由公意构成的,主权只能由人民直接表达,而不可以被代表,"一旦公共服务不再成为公民的重要事情,并且公民宁愿掏自己的口袋而不愿本人亲身服务

---

① [美]拉里·戴蒙德:《民主政治的三个悖论》,载刘军宁主编:《民主二十讲》,北京:中国青年出版社,2008年,第206~220页。

② 托克维尔敏锐地观察到民主潜在的自由与平等之间的冲突,虽然民主政治反映了身份平等的趋势,民主时代的到来势不可挡,但是平等的原则不足以确保民主的活力,如果不对民主追求平等的本能进行节制,民主的质量难以保证,因此应该对民主保持一种"健康的恐惧",用自由来节制平等。(参见[法]托克维尔:《论美国的民主》,董良国译,北京:商务印书馆,2004年,第838~872页)

③ [法]卢梭:《社会契约论》,何兆武译,北京:商务印书馆,1997年,第127页。

的时候，国家就已经是濒临毁灭了”①。

虽然选举民主有直接选举民主和间接选举民主之分，尽管直接选举民主带有人民“直接选举“的因素，但是其目的是为了选举委托代理人，因而不是直接民主的范畴。作为一种国家政治体制的直接民主，只能存在于类似于古希腊的城邦国家之中，在现实的政治中，直接民主构不成国家政治体制的运作，完全的直接民主是不存在的，直接民主只能依存于现有的代议政治体制中。在现有的代议政体下，直接民主意味着公民在选举出代理人之外，以各种形式直接参与公共事务的治理。从理论与实践看，较为严格意义上的直接民主，比较认可的说法是公投民主（全民公决），即全体公民以直接投票的方式参与公共事务的决定等。参与式民主也是一种直接民主，即公民除了投票选举代理人之外，更强调公民日常对公共事务的直接参与管理。实际上，协商民主也是参与民主的一种模式，也属于直接民主的范畴。

四、间接民主

间接民主又可以称之为“代议民主”，是指公民通过选举的方式来选取代理人并通过代理人进行统治，而不是公民直接进行统治，选举民主就是间接民主。随着人口的增多和国家规模的变大，间接民主以委托授权的方式解决了在现代民族国家不能落实直接民主理念的难题。间接民主的兴起意味着整个国家政治体制运行的变革，其落实需要联邦制度、权力制衡和司法独立等制度作为保障，当然间接民主的落实也离不开政党政治的运作。密尔是代议民主的辩护者，认为理想上最好的政府形式是代议制政府，倡导民主社会的精英统治，强调人民可以雇佣比他们自己更能干的“仆人”，只要人民拥有最后决定人选的权力，就可以驱动“仆人”更好地为人民进行统治。“代议制政体就是这样一种手段，它使社会中现有的一般水平的智力和诚实，以及社会中最有智慧的成员的个人的才智和美德，更直接地对政府施加影响，并赋予他们在政府中较之任何其他组织形式一般具有的更大的影响。”②

间接民主虽然是现代国家政治体制建构的普遍形式，体现了人民对代议制政府的控制，但是也存在缺陷，如由于公共议题变得越来越复杂和信息

① ［法］卢梭：《社会契约论》，何兆武译，北京：商务印书馆，1997年，第123～124页。

② ［英］J. S. 密尔：《代议制政府》，汪瑄译，北京：商务印书馆，1997年，第28页。

不对称等,在周期性选举结束后,“仆人”通常篡夺了人民的权力,如何控制“仆人”的自由裁量权和让“仆人”更好地代表人民是不得不面对的问题;并且选举本身具有的“寡头”色彩,使选举成为少数人的游戏,所以这种民主名义上是选“仆人”,但实际上是选“主人”。因此,间接民主虽然是现代国家政治体制有效运作的必要元素,但是由于委托与代理之间的张力,在现实的运作中,也必须借助于直接民主即公民的直接参与来限制或弥补间接民主的不足。

第二节 问题意识

“自从公元前五世纪以来,所有以民主的名义取得的成就,多多少少都要归功于古雅典的人民。”[①]因此,把民主的源头上溯到古希腊时期的雅典,大致是不会错的。但是,自古雅典以来,民主政治也经过了2000多年的发展,民主在当时意味着政治上平等而自由的公民通过公民大会等形式直接参与城邦的治理。是否拥有在公民大会上发言的权利,决定了一个人或一个阶层是否真正参与到城邦公共事务的管理,因此,公民当时争取民主的斗争,与他们争取在公民大会上享有平等的发言权的斗争是同步进行的。相反,通过票决进行选举在当时恰恰因为其有利于名门望族而被认为是反民主的,即使行政职位需要人选,大部分也都是采用抽签的方式决定。因此,公民只有争取到在公民大会上用话语表达自己意见的权利,才意味着真正加入公共生活。可以说,“发声”(voice)而不是“选票”(votes)是古雅典时期民主的重要特征。如果消灭了利用语言进行说服、讨论和协商的需要,实际上也就消灭了民主政治。[②]

随着古希腊城邦政治的灭亡,民主政治也销声匿迹了2000多年之久,其间西方世界主要的政治形态是君主制和政教二元制。民主政治的最高原则——人民的统治——几乎被所有思想家否定。博丹甚至说:“人民就是头千面怪兽,他们没有判断力,没有理性能力,要他们提出好建议和统治,无异

---

① [美]里普逊:《民主新诠》,香港:新知出版社,1972年,第12页。

② 林猛:《论古典民主与现代民主——历史视角的民主研究》,北京大学博士学位论文,2001年,第12~31页。

于希望疯子能变得聪明。”[①]这种局面直到英国光荣革命、美国独立革命和法国大革命后，民主政治才重新复苏。但是，随着民族国家的建立，古雅典时期的直接参与民主已经无法适应现实的需要。19 世纪后半期登堂入室的民主，逐渐与自由主义相结合，以自由主义民主/代议民主的面目出现。[②]这个时候，以选票为核心的自由竞争式选举民主成为最有影响的民主理论范式。

随着自由主义民主的实践，熊彼特等人认为，古典的民主理论已经不能令人信服地分析现实民主国家是如何运作的。因此，他们试图构建出一种对现实更具有解释力的民主理论。通过对现实国家民主制度实际运作的考查，逐渐形成了以熊彼特为代表的“竞争性民主理论”，其含义是：“民主就是那种为做出政治决定而实行的制度安排，在这种安排中，某些人通过争取人民选票取得作决定的权力。”[③]民主理论发生了实质性的变化，以票决为核心的选举民主直到今天仍然是有影响力的民主理论范式。

实际上，在崇尚古典直接参与式民主的学者看来，当把古雅典直接参与式的民主简化为代议民主时，民主已经发生了一次变异。“代议民主只是在概念中借用了民主这个词，而实际与古典民主的理想毫无瓜葛，他们奉为圭臬的，其实不是雅典，而是罗马，不是伯利克里，而是西塞罗；他们沿袭的，是罗马的寡头政治……与其说他们是要扩大政权的基础，推动民众的参与，不如说是要借代议制来限制、制约民众的参与，使公共事务的决定权集中到少数人手里。”[④]当熊彼特等人以描述的方式从西方国家的自由主义民主实践中抽象出“竞争性民主理论”的概念时，民主再一次发生了变异。民众的作

---

① Jennifer Tolbert Roberts. *Athens on Trial: The Antidemocratic Tradition in Western Thought*. Princeton:Princeton University Press,1994,p. 8. 转引自林猛：《论古典民主与现代民主——历史视角的民主研究》，北京大学博士学位论文，2001 年，第 42 页。

② “自由主义民主”一开始是以代议民主形式出现的，因此，有时候通常把“自由主义民主”和“代议民主”看作是同义词。

③ [美]约瑟夫·熊彼特：《资本主义、社会主义与民主》，吴良健译，北京：商务印书馆，2000 年，第 395～396 页。

④ Ellen Meiksins Wood. “Democracy:An Idea of Ambiguous Ancestry,” in J. Peter Euben, John R. Wallach and Josiah Ober (eds.), *Athenian Political Thought and the Reconstruction of American Democracy*. Ithaca and London:Cornell University Press,1995. Ellen Meiksins Wood. “Demos Versus We, the People: Freedom and Democracy Ancient and Modern,” in Josiah Ober and Charles Hedrick(eds.), *Demokratia:A Conversation on Democracies, Ancient and Modern*. Princeton: Princeton University Press,1996,p. 125. 转引自林猛：《论古典民主与现代民主——历史视角的民主研究》，北京大学博士学位论文，2001 年，第 44 页。

用只是通过票决选举来选择替他们作主的领导人,民主成为择取领导的竞争程序的副产品。[①] 选举或者说选票成为民主运作的核心内容。

尽管这种自由竞争式民主解决了在现实民族国家运用的问题,曾被密尔认为是最理想的政治形式[②],但是这种最理想的政治形式自产生以来就遭到了众多的批判,如早期,马克思等人就对自由主义民主的运作进行过严厉的批判。到了20世纪六七十年代,阿伦特、巴伯和佩特曼等人对自由竞争式民主也进行了批评,如在巴伯(Barber)看来,自由竞争式民主就像"一位心脏欠佳的长跑选手,表面上跑的稳健,但内在的力量却迅速消耗",以至于出现一些"病症"。这种自由主义所支撑的、以多党竞争选举为核心的竞争式民主由于其本身固有的缺陷,最终沦为"弱势民主"(weak democracy)。[③] 由于自由竞争式民主的"参与性"已经日益退化,不足以满足民众的需求。因此,阿伦特、巴伯和佩特曼等人主张一种"参与式民主",即公民亲自参与对公共事务的决策和治理,而不是仅仅局限于参与选举和让代理人完全代替自己进行公共决策和公共治理。

到了20世纪90年代,协商民主接过参与式民主批评的大旗,继续对自由竞争式民主的缺陷进行批评并提出补救之道。许多西方著名的学者都加入了研究协商民主的行列,如罗尔斯和哈贝马斯都声称自己是协商民主论者,协商民主显然逐渐成为当前民主理论的显学。协商民主理论者认为:"民主的本质是协商,而不是投票"[④]。如果说,19世纪到20世纪初,民主化关心的是扩大选举,落实每个公民投票的权利;今天,民主化重视的是如何扩大公共领域,让每个公民都能发表意见。"发声(voice)而不是选票,成为新的赋权方式"[⑤],以"投票为中心"的民主理论应该逐渐被"以协商为中心"的民主理论所取代。

---

① [美]乔万尼·萨托利:《民主新论》,冯克利、阎克文译,北京:东方出版社,1998年,第171页。

② [英]J.S.密尔:《代议制政府》,汪瑄译,北京:商务印书馆,1997年,第37~55页。

③ [美]本杰明·巴伯:《强势民主》,彭斌、吴润洲译,长春:吉林人民出版社,2006年,第3~27页。郭秋永:《当代三大民主理论》,台北:联经出版社,2001年,第79页。

④ [澳大利亚]约翰·S·德雷泽克:《协商民主及其超越:自由与批判的视角》,丁开杰译,北京:中央编译出版社,2006年,第1页。

⑤ Chambers Simone. "Constitutional Referendums and Democratic Deliberation," in M. Mendelsohn and A. Parkin (eds.), *Referendum Democracy: Citizens, Elites and Deliberation in Referendum Campaigns*. NY: Palgrave, 2001, pp. 231-255.

这么看来，民主理论的发展好像又回到了起点，古雅典民主中公民直接参与公共事务讨论的思想在协商民主中得到了复兴。怎样理解从古雅典民主到协商民主的理论传承？为什么以选票为核心的选举民主却遭到协商民主理论家的批评？协商民主究竟是一种什么样的民主理论？有什么样的价值？能在制度设计上落实协商民主的理念吗？协商民主与选举民主两者之间究竟是什么样的关系？协商民主又将面临哪些挑战？如何理解协商民主在中国的运用与实践？本书希望通过对以上问题的探讨，对协商民主理论和实践以及在中国的兴起和发展有个系统的梳理和认识，从而为我国的协商民主实践提供可资借鉴的内容。

第二章 协商民主的内涵

当今世界，民主政治是获得统治合法性的通行证，是国际市场流通的货币，是一切体制的公分母①，即使专制国家也不得不披上民主政治的外衣，用诺贝尔经济学奖获得者阿玛蒂亚·森(Amartya Sen)的话来说：在整个19世纪，讨论一个国家是否适合民主制度还是十分自然的事；但是到了20世纪，这样提问题本身就是错误的，根本不需要去判定一个国家是否适合民主制度，而是每一个国家在政治发展的过程中都必须变成适应民主制度的国家。② 因此，随着民主实践的扩展，民主问题一直是学术研究的重要领域，出现过各种各样的民主理论，如著名的民主理论家戴维·赫尔德(David Held)曾把民主分为八大模式③，但仍然没有穷尽民主理论的类型，到了20世纪90年代，协商民主逐渐兴起，并成为民主理论研究的一个重要领域。

第一节 协商民主的兴起

20世纪90年代，人们更多地认为，"民主的本质是协商，而不是投

---

① [日]加藤节：《政治与人》，唐士其译，北京：北京大学出版社，2003年，第45页。

② [印度]阿玛蒂亚·森：《民主的价值观放之四海而皆准》，载《当代中国研究》2000年第2期。

③ [英]戴维·赫尔德：《民主的模式》，燕继荣等译，北京：中央编译出版社，1998年，第1～12页。

票”[①]，以“投票为中心”的民主理论逐渐被“以协商为中心”的民主理论所取代。以“投票为中心”的民主理论所理解的民主是固定不变的偏好和利益，通过投票相互竞争；而协商民主所关注的是投票之前公开讨论、协商和沟通的过程，关注的是讨论和协商如何改变偏好、减少分歧、产生合理意见以及达成共识。可以说，19 世纪到 20 世纪初，民主化关心的是扩大选举，落实每个公民投票的权利；今天，在选举权已经落实的情况下，民主化重视的是应该如何扩大公共领域，让每个公民都有发表意见和发出声音的机会，这是新的赋予公民主权的方式。

实际上，对协商民主的强调并不是一个全新的理念，在古希腊城邦国家，以及西方经典的政治理论中都能找到有关协商民主的例子或论述。如埃尔斯特所言："协商民主或者说通过自由而平等的公民之间的协商来进行集体决策的观念，绝非是一种创新，而是一种复兴，这种理念与实践几乎和民主的概念本身一样久远，都来自公元前五世纪的雅典。"[②]古雅典的总督伯利克里(Periceles)在其著名的葬礼演说词(Funeral Oration)中提到：在我们这里，人人不仅关心个人事务，而且关心国家事务：即使那些总是忙于自己事务的人也仍然能在公共事务上作出良好的判断——这就是我们的特点。我们并不是认为对政治不感兴趣的人是一个只想着自己个人事务的人，我们只是认为他在这里根本没有任何事情可做。我们雅典人作出我们自己的决策，即使我们没有发起提案，但我们仍然有能力对提案加以评判。我们不认为讨论会妨碍行动，相反，我们认为讨论是任何明智行动不可或缺的条件，最糟糕的事情莫过于在尚未对结果进行适当的公开讨论之前就贸然采取行动。[③]

亚里士多德虽然不喜欢古雅典的民主政治，但还是认为“协商”是有价值的，通过普通公民之间相互讨论的决策，要比专家独立决策更为有效。[④]

---

① [澳大利亚]约翰·S·德雷泽克：《协商民主及其超越：自由与批判的视角》，丁开杰译，北京：中央编译出版社，2006 年，第 1 页。

② Jon Elster. "Introduction,"in Jon Elster(ed.), *Deliberative Democracy*. Cambridge: Cambridge University Press, 1998, p. 1.

③ [英]戴维·赫尔德：《民主的模式》，燕继荣等译，北京：中央编译出版社，1998 年，第 19 页。[美]乔治·霍兰·萨拜因：《政治学说史》上册，盛葵阳、崔妙因译，北京：商务印书馆，1986 年，第 34～40 页。

④ Amy Gutmann and Dennis Thompson. *Why Deliberative Democracy*? Princeton: Princeton University Press, 2004, p. 8.

从近代到现代,卢梭、柏克、密尔、杜威等学者在不同程度上都对协商民主理论作出过贡献。毕塞特(Joseph M. Bessette)在1980年发表的论文《协商民主:共和政府中的多数原则》中,首次在学术意义上使用"协商民主"这个概念。此后,曼宁和科恩的研究进一步发展了协商民主理论。[①] 到了20世纪90年代晚期,协商民主已成为民主理论的显学。这时,最重要的理论家罗尔斯和哈贝马斯都把目光转向了协商民主,在他们主要的著作中都把自己看作是协商民主论者[②],他们的学术声誉赋予了协商民主巨大的威望。[③]可以说,从古雅典开始,协商就是民主的一部分,薪火相传,到了20世纪90年代,协商民主渐成一种重要的民主理论。

总体上而言,协商民主自兴起以来,其发展经历了三个阶段:第一代的协商民主理论家确立了协商民主的规范性,如哈贝马斯和罗尔斯,主要是论述协商民主规范的正当性,认为理性沟通的交往形式会带来偏好的改变,并有助于达成共识,但未考虑到社会的复杂性。第二代的协商民主理论家,如博曼、古特曼和汤普森等,认为协商民主必须在承认文化的多元化和社会的复杂性的基础上,才能发展出具有现实意义的协商民主,但是究竟怎么保证在复杂的社会中进行协商民主的制度类型却没有提供足够的细节。第三代的协商民主理论家强调协商民主的"经验转向",如巴伯、巴特莱特、欧弗林和帕金森,试图通过经验性的证据来寻求协商民主实践的制度类型,从而促进了协商民主规范理论和实证研究的结合。[④] 从协商民主发展的三个阶段来看,第二代协商民主对第一代协商民主中罗尔斯与哈贝马斯的理论与社会的复杂现实进行了调和,使之更具有现实意义,第三代协商民主更加侧重于制度和实践,使之更具有操作性。

---

① 科恩:《协商与民主合法性》,载詹姆斯·博曼、威廉·雷吉主编:《协商民主:论理性与政治》,陈家刚等译,北京:中央编译出版社,2006年,第50～67页。Bernard Manin. On Legitimacy and Political Deliberation. *Political Theory*, 1987, Vol. 15(3), pp. 338-368.

② 参见罗尔斯:《政治自由主义》,万俊人译,南京:译林出版社,2000年,第23～51页。哈贝马斯:《在事实与规范之间——关于法律与民主法治国的商谈理论》,童世骏译,北京:三联书店,2003年,第358～409页。

③ [澳大利亚]约翰·S·德雷泽克:《协商民主及其超越:自由与批判的视角》,丁开杰译,北京:中央编译出版社,2006年,第2页。

④ Stephen Elstub. The Third Generation of Deliberative Democracy. *Political Studies Review*, 2010, Vol. 8(3), pp. 291-307.

第二节 协商民主的理论渊源

“民主理论并非在真空中发展;民主理论不仅是整个哲学发展的一部分,而且是一般政治理论和历史的一部分。”[①]可以说,民主理论在不同的社会历史发展阶段有着不同的主题和形态,从古雅典到现在,民主理论几经变迁,呈现出丰富的多样性。从民主理论发展的渊源看,协商民主接续了参与式民主对自由竞争式民主的批判,而竞争式民主又是在对古典民主批判的基础上产生的。后一种民主理论都是对前一种民主理论的修正或改进,因此,理解协商民主的内涵就必须对古典民主、竞争式民主和参与式民主的内容有所了解。

一、古典民主(Classical Democracy)

讲到民主的源头时,总是要从古雅典开始。当然能否把古雅典当作民主的源头还是有争议的。[②] 本书的重点不是进行“民主理论的考古学”,为了避免争议,还是引用总督伯利克里(Pericles)的话来说明古雅典是民主源头的合法性:“我们雅典的民主制度从来都不是模仿别人的,而是别人的榜样。”[③]本书所说的“古典民主”指的就是古雅典的民主理想与实践,这也是人类民主的启蒙。

古典民主的主要内容有:第一,人在本质上是一种政治动物。公民参与政治并不是实现其他目的的手段,参与本身就是目的。因为人的本性就是要参与政治的,只有通过自由而平等地参与政治生活,道德才能趋于完善,人性才能充分实现。第二,公民在政治上是平等的。每个公民不会因为等级和财富这种外在的差别而被排除在政治生活之外,每个人都享有平等的

---

① C. M. Sherover eds. *The Development of Democratic Idea*. New York: The New American Liberary Inc, 1974, p. xvii. 转引自张明贵:《民主理论》,台北:五南图书出版公司,2002 年,第 41 页。

② 有的学者认为,公元前 600 年左右,古斯巴达人就有条文规定公民大会的举行,而古雅典人直到公元前 508 年才有条文对定期的公民大会作了规定,因此,古斯巴达为民主作出的贡献可能比古雅典还早。(参见[英]西蒙·霍恩布洛尔:《古希腊民主制度的创立与发展》,载[英]约翰·邓恩编:《民主的历程》,林猛等译,长春:吉林人民出版社,1999 年,第 1～20 页)

③ [古希腊]修昔底德:《伯罗奔尼撒战争史》,谢德风译,北京:商务印书馆,1960 年,第 130 页。

公民权,平等地行使立法和司法的职能,以积极的态度投入到自我治理的过程。第三,公民参与政治的方式是直接的。每个公民可以通过参加公民大会决定城邦的政策,凡是没有被剥夺公民权的 30 岁以上的公民,只要自愿也可以通过抽签的方式担任公职。约 700 位一般行政官中的 600 多位行政官是通过抽签的方式产生的[①];另据亚里士多德估计,每年 6 个公民中就有 1 个可能担任公职,即使没有任职的公民,每年也有 40 多次的公民大会决定城邦的重大问题。也就是说,古典民主是直接民主,统治者也就是被统治者,公民直接行使权力而不是委托给别人。第四,公共生活优先。公民献身于城邦,私人生活隶属于公共事务和公共的善(common good),“一个雅典公民不会因为照顾自己的家务而忽视国家的;我们之中即使是那些忙于业务的人也都具有极其鲜明的政治概念。只有我们才把那些不关心公共事务的人不仅看作是无害的人,而且看作是无用的人”[②]。从后面竞争式民主对古典民主的批判中可以更好地了解其内容。

二、竞争式民主(Competitive Democracy)[③]

公元前 322 年,随着马其顿征服古希腊,人类第一次古典意义上的民主实践结束了。此后,民主政治销声匿迹了 2000 余年之久,其间西方世界主要的政治形态是君主制和政教二元制,民主政治的最高原则——人民的统治——几乎被完全否定。甚至有的认为:“人民就是头千面怪兽,他们没有判断力,没有理性能力,要他们提出好建议和统治,无异于希望疯子能变得聪明。”[④]虽然公元前 2 世纪至公元前 1 世纪的罗马共和国和文艺复兴时代意大利北部的自治城邦,也曾出现过某些接近民主原理的思想,但只是昙花一现,不足以动摇君主制所享有的牢固地位。这种局面直到英国光荣革命、美国革命和法国大革命后才得以改变,民主政治逐渐复苏。[⑤] 但是,重新复

---

① 王绍光:《民主四讲》,北京:三联书店,2008 年,第 48 页。

② [美]乔治·霍兰·萨拜因:《政治学说史》上册,盛葵阳、崔妙因译,北京:商务印书馆,1986 年,第 34 页。

③ 竞争式民主在本书中指的就是西方的自由主义民主,因为其最大的特征就是强调“竞争”,因此,可以简称为“竞争式民主”。

④ Jennifer Tolbert Roberts. *Athens on Trial: The Antidemocratic Tradition in Western Thought*. Princeton: Princeton University Press, 1994, p. 8. 转引自林猛:《论古典民主与现代民主——历史视角的民主研究》,北京大学博士学位论文,2001 年,第 42 页。

⑤ 江宜桦:《自由民主的理路》,台北:联经出版社,2001 年,第 27 页。

苏的民主政治已经与古典民主有着质的区别。

随着现代民族国家的建立，古典民主已经无法适应现实人口增多和疆域扩大的需要。19 世纪后半期登堂入室的民主，经过密尔和洛克等思想家的改造，已经改头换面，成为“代议民主”，古希腊式的直接民主已渐无踪影。因为“代议民主”的实质就是公民通过选票，以选举的方式把统治的权力委托给别人。可以说，从 19 世纪开始，西方民主的实践就是以选举权的扩大为核心，让每个人都享有投票的权利。理论是对实践的总结和升华，随着代议民主的实践，到了 20 世纪二三十年代，熊彼特(Joseph Alois Schumpeter)等人认为古典民主是规范性的，是从应然的角度把民主理想化，这样的民主理论并不能令人信服地分析现实民主国家是如何运作的。① 因此，试图构建出一种对现实更具有解释力的民主理论。通过对西方现实国家民主实际运作的考察，逐渐形成了以熊彼特为代表的“竞争性民主理论”②，其含义就是：“民主就是那种为作出政治决定而实行的制度安排，在这种安排中，某些人通过争取人民选票取得作决定的权力。”③民主理论发生了实质性的变化，以选票为核心的选举民主代替了古典式的公民直接参与讨论公共事务的民主模式，公民主要是通过选票来选择自己的利益代言人，选票成为权力委托与让渡的重要标志，这种以选票为核心选择代理人的民主运作机制直到今天仍然是不可超越的民主实践形式。

(一)竞争式民主兴起的原因

1.行为主义为竞争式民主研究提供了新视角

20 世纪，行为主义(behaviorism)范式的兴起，为政治学的研究提供了新的视角。行为主义坚持可观察到的行为才是研究的重点，并且认为对行

---

① 实际上，熊彼特对古典民主的理解并不仅仅局限于古雅典的民主，他还把 18 世纪流行的功利主义的民主观念称为古典民主。这种功利主义的民主观依然强调共善、人民意志等古雅典民主所强调的观念，因此，熊彼特某些对功利主义民主批判的观点可以引申到对古雅典民主的批判。另外，在行为主义、精英主义和实证研究结论的支持下，其他竞争式民主理论家通过对古雅典民主的批判，从而得出赞同竞争式民主的结论。就是说，从整个竞争式民主理论的角度看，它是在对古典民主即古雅典民主批判的基础上产生的。

② 除了熊彼特以外，被称为竞争式民主理论代表人物的还有拉斯维尔、萨托利、达尔等学者。本书主要以熊彼特的理论为分析对象，主要是因为熊彼特的竞争式民主理论影响比较大，其后赞同竞争式民主的理论家或多或少都受到他的影响。

③ [美]约瑟夫·熊彼特：《资本主义、社会主义与民主》，吴良健译，北京：商务印书馆，2000 年，第 395～396 页。

为的解释应该经得起经验的检测。[①] 因此,行为主义反对"单纯"的规范性论述,反对形而上学和抽象的思辨,反对把政治学与道德或伦理问题混在一起;赞成把注意力集中在实际的、可观察的行为上,充分收集数据,寻求经验的理论,力求对事物达到解释、预测和控制的目标。政治学中的行为主义运动,可以被解释为努力和认真对待政治学中的"科学",使政治学成为一门真正的科学。当政治学采用行为主义的研究途径,不仅在政治学领域掀起了"典范"转移的革命,也使许多学者对"人民统治"的古典民主理论产生了深深的怀疑。他们看到现实民主制度的运作并不存在符合古典民主理论的民主模式,"主权在民"只是一种抽象的原则,是一种规范性的陈述命题,民主并不是由人民来统治。当传统的民主理论与现代的民主事实发生矛盾时,不能不引起学者对民主问题的重新思考,很多学者企图修正甚至放弃源自古希腊雅典以来的民主传统,而依据现代资本主义民主国家的现实来构筑新的民主理论,力求从资本主义民主制度运转的现实来寻求对民主的新的解释。[②] 于是,竞争式民主理论便应运而生了。

2.精英主义为竞争式民主提供了思想资源

20世纪精英主义的开拓者,莫斯卡、帕雷托和米歇尔斯等人的思想深深地影响着熊彼特等人,对后来探讨竞争式民主理论有着重大贡献。精英是历史的主宰,权力分配的不平等是政治思想中的"公理",莫斯卡等人的精英主义实际上是历史上精英统治思想的延续。莫斯卡认为:在所有社会——无论是刚刚出现文明曙光的社会,还是最发达、最有实力的社会——都会出现两个阶级:一个是统治阶级,另一个是被统治阶级。前一个阶级总是人数较少,行使所有社会职能,垄断权力并且享受权力带来的利益。而另一个阶级,也就是人数更多的阶级,被第一个阶级领导和控制。[③] 莫斯卡的统治阶级就是精英,认为民主政治就是少数的精英统治,"在其他各政体中所发生的现象——即有组织的少数人将其意志强加于无组织的大多数——在代议民主下,尽管外表相反,实际上也同样发生,而且表现得更完美。当我们说选民选代表时,我们所用的语言并不恰当,事实的真相是:代表设法

---

① [英]大卫·桑德斯:《行为主义》,载[英]大卫·马什、格里·斯托克编:《政治科学的理论与研究方法》,景跃进等译,北京:中国人民大学出版社,2006年,第41页。

② 彭怀恩:《精英民主理论评介》,台北:正中书局,1983年,第39～48页。

③ [意大利]加塔诺·莫斯卡:《统治阶级》,贾鹤鹏译,南京:译林出版社,2002年,第97页。

使自己经过选民投票而当选”①。帕雷托把精英分为统治精英和非统治精英,虽然其“精英循环”理论认为,没有任何统治精英可以一劳永逸地保持统治地位,统治精英和非统治精英之间存在着交换的关系,但“历史是贵族政治的墓志铭”,新精英取代旧精英,依然是少数精英在政府中扮演着重要角色,控制着人类的政治生活。② 米歇尔斯认为:一般民众是无能的,民主政治如果建立在无能且易被操纵和情绪化的民众基础上,就会有名无实。③

精英本质上是反民主的,与民主水火不容。一是精英理论坚持人类天赋不平等,而民主思想却坚持人人平等的原则;二是精英理论认为政治是少数人统治,这也与民主政治中多数统治的原则相违背。既然精英主义与民主观念不相容,两者又是怎样走到一起的?因为20世纪社会科学受经验主义的影响,在行为主义的范式下,学者重视科学实证的方法,企图建构解释和预测政治现象的经验理论。在行为主义浪潮的冲击下,没有办法用科学的方法和有效的数据来证明古典民主在现实经验上为真,因此,熊彼特等学者开始重新检视民主的概念,希望通过对民主概念的重新诠释,使它能符合民主国家实际运作的事实和经验,于是,精英主义就进入了民主理论,熊彼特提出了充满精英主义意味的竞争式民主概念:“民主就是那种为作出政治决定而实行的制度安排,在这种安排中,某些人通过争取人民选票取得作决定的权力”。④

3.实证研究的结论给竞争式民主提供了经验依据

二战以后,欧美国家追求政治行为主义的研究者对西方民主国家进行了大规模的调查,他们企图通过实证研究的结论来建构经验的民主理论。这种所谓的经验民主理论不仅修改了古典民主思想,也为竞争式民主理论的形成提供了经验上的依据。⑤ 美国学者伯尔森(Benald Berelson)和同事研究认为:古典民主无法告诉我们现实中民主政治运作的真相,公民并不具有古典民主理论的假设,公民的异质性是维持民主政治运作的必要条件。

---

① 彭怀恩:《精英民主理论评介》,台北:正中书局,1983年,第9页。

② [意大利]维尔弗雷多·帕雷托:《精英的兴衰》,刘北成译,上海:上海人民出版社,2003年,第58～77页。

③ [德]罗伯特·米歇尔斯:《寡头统治铁律——现代民主制度中的政党社会学》,任军峰等译,天津:天津人民出版社,2003年,第18～77页。

④ [美]约瑟夫·熊彼特:《资本主义、社会主义与民主》,吴良健译,北京:商务印书馆,2000年,第395～396页。

⑤ 彭怀恩:《精英民主理论评介》,台北:正中书局,1983年,第39～59页。

"在某些方面，各种气质必须不同程度地分配于全体选民中。必须有一些人积极活跃，另一些人保持中庸，其他的人则保持被动。政治体系中某些人对政治冷淡和无兴趣，并不影响民主的运行，因为民主政治如同经济生活一样，隐含着分工，有些人扮演政治领导者的角色，有些人则意味着服从。"① 伯尔森用经验数据推翻了古典民主理论中公民平等参与的假设，并认为大多数公民的冷漠不仅不影响民主的运作，甚至是民主政治正常运作的前提。其后，阿尔蒙德(G. A. Almond)和维巴(S. Verba)采用大规模的问卷调查方法，探讨美国、英国、西德、意大利和墨西哥等五国的公民态度和信仰，来解释西方民主国家民主政治制度的实际运作，他们基本上延续了熊彼特以来对民主政治的批评，强调政治精英是不可避免的，维持民主政治最重要的条件就是使政治精英与大众之间取得平衡。② 米尔布雷斯(Lester W. Milbrath)等归纳了许多行为主义者的研究报告，其结论仍然支持政治精英是民主政治运作的基石，而一般公民的冷漠和消极与古典民主认为的积极和主动是相悖的。③ 这些实证研究的结论都证明了：现代工业社会的复杂和官僚制度的扩张，使古典民主丧失了存在的可能性。大型企业和国家官僚机构的迅速崛起，意味着个人既无时间也无金钱，更无专门的知识来理性地探讨治理国家的方式。精英是民主政治运作的主宰，享有主权的普通公民成为精英治理国家的被动成员，他们只是在选举时被召来投票，从选举之后到下一次选举之前，他们在政客和官僚那里实际上变得无足轻重。④ 可以说，实证研究的结论为竞争式民主理论的形成提供了最好的支持。

(二)竞争式民主对古典民主的批判

竞争式民主首先批判了古典民主的"共善"(common good)的观念。熊彼特认为这种观念是误导性的，主要不是因为某些人可能需要不同于共同

① Benald Berelson, et al. *Voting: A Study of Opinion Formation in a Presidential Campaign*. Chicago: The University of Chicago Press, 1954, pp. 322-323. 转引自彭怀恩：《精英民主理论评介》，台北：正中书局，1983年，第43页。

② [美]加布里埃尔·A·阿尔蒙德、西德尼·维巴：《公民文化——五国的政治态度和民主》，马殿君等译，杭州：浙江人民出版社，1989年，第421～449页。

③ Lester W. Milbrath and M. Lal Goel. *Political Participation: How and Why Do People Get Involved in Politics?* Chicago: Rand McNally Collage Pub Co, 1976, pp. 147-148. 转引自彭怀恩：《精英民主理论评介》，台北：正中书局，1983年，第46～47页。

④ [英]理查德·贝拉米：《重新思考自由主义》，王萍等译，南京：江苏人民出版社，2005年，第142页。

福利的东西，而是因为在经济分殊化、政治多元化和文化多样化的现代社会，人民有着不同的利益、需求和价值，对于“共善”必然有着各种各样的理解和分歧，共同福利必然意味着不同的东西，这种分歧不可能仅仅通过一个“无所不包的共同意志”来解决，况且许多根深蒂固的价值分歧和利益的冲突，不可能通过理性的讨论来得到化解，达成共识，因此，全体人民能够同意，或者通过理性讨论而达成的“共善”是不存在的。退一步说，即使他们承认“共善”的存在，但在如何实现“共善”的手段上也可能是大相径庭的。另外，如果假定“共善”的存在，并断言其为理性的产物，那么就为剪除异端和非理性的争端提供了方便，从而使“异端和非理性”成为排除他人的合法理由，这种“共善”的观念是民主理论万万不可接受的。[①]

其次，竞争式民主批判古典民主无法保证一定会满足“人民的真正需要”，非民主机构的决策可能在某些时候比“民主决策”更能为人民所接受。尤其在局面僵持不下的情况下，非民主的机构可以利用其特殊的地位制定在民主条件下相关各方难以达成一致的决策。如拿破仑强行制定的宗教协定，被熊彼特引用为独裁手段可以制定出人民满意的政策的经典范例。19世纪初，法国最迫切的政治需要是宗教上的和解，但当时任何以民主方法解决问题的最可能结果，是引起越来越大的愤怒或无休止的斗争。拿破仑能够采取强制的方式并合理解决宗教争端，是因为各派都不愿意放弃自己的主张以至于通过民主的手段无法达成共识，但却愿意接受拿破仑强加给他们的安排。熊彼特认为这样的例子并不是孤立的，“如果，从长期看来，证明能使一般人满意的结果可以视为民享政府(for the people)的试金石的话，那么古典学说所想象的民有政府(of the people)常常通不过这个检验”[②]。

竞争式民主反对古典民主理论的第三个观点是抨击“人民意志”(will of the people)或“公意”(general will)的本质。熊彼特认为所谓“人民意志”，只不过是一种社会观念虚构，它很少具有独立或理性的基础。他利用群体心理学家的相关理论或广告成功地塑造消费者偏好的观点，认为一般的公民都是软弱和愚蠢的，容易感情用事且受到外力的控制，又因为国家和

---

① ［美］约瑟夫·熊彼特：《资本主义、社会主义与民主》，吴良健译，北京：商务印书馆，2000年，第370～378页。［英］戴维·赫尔德：《民主的模式》，燕继荣等译，北京：中央编译出版社，1998年，第223～248页。

② ［美］约瑟夫·熊彼特：《资本主义、社会主义与民主》，吴良健译，北京：商务印书馆，2000年，第378页。

国际事务远离大多数人民的生活,他们很难对各种竞争的意识形态和政策作出正确的判断,只能听凭政治家的摆布。“人民既不提出问题也不决定问题,决定他们命运的问题是由别人为他们提出和决定的。”因此,在政治生活中主要是“人为的”而不是“天然的”人民意志,古典民主的“人民意志”是政治过程的产物而不是它的推动力,这种情况下,“试图进行理性争论只会煽起兽性”①。

熊彼特由此得出结论,为了避免当代政治最糟糕的危险,热爱民主的人们必须摒弃头脑中“虚构的”假设,必须摒弃那些“古典民主学说”的命题,必须摒弃“人民”对于所有政治问题都持有正确和理性的看法。“人民”只不过是而且也只能是“政府的生产者”,是选择“谁能够决策”的一种机制。因此,“应该把民主理解为一种政治方法,作为选民的人民运用这种方法定期在可能的领袖人物之间进行选择。‘竞争性精英主义’是最实用、最有效和最合适的民主模式”②。

(三)竞争式民主的主要内容

通过竞争式民主兴起的原因和其对古典民主的批判,已经对竞争式民主有了大致了解,这种民主模式的主要内容如下:

竞争式民主是描述性和经验性的民主。熊彼特对古典时期以来的民主理论持反对态度,认为古典民主理论是规范性的而非描述性的。“这种理论每当有所失时,它便求助于某种‘应该如何如何’。在某些关键问题上,理论不是被呈现在一片没有事实的真空之中,就是被当作事实本身偷运进来,结果使我们对民主怎么能够运行感到怀疑。”③他力图发展一种以经验为基础的“现实主义”民主模式,这种民主模式是描述性的,其主要任务是解释实际的民主是如何运行的,让民主更接近生活的真实。受20世纪尤其二战以后行为主义的影响,一些著名的政治学者,如拉斯维尔、萨托利等接续了熊彼特对民主的经验性研究,以民主政治的实际运作为焦点,用实证的方法来证

---

① [美]约瑟夫·熊彼特:《资本主义、社会主义与民主》,吴良健译,北京:商务印书馆,2000年,第380~389页。关于群体心理学的研究,参见古斯塔夫·勒庞:《乌合之众:大众心理研究》,冯克利译,北京:中央编译出版社,2004年。凯斯·R·桑斯坦:《极端的人群:群体行为的心理学》,尹宏毅、郭彬彬译,北京:新华出版社,2010年。

② [英]戴维·赫尔德:《民主的模式》,燕继荣等译,北京:中央编译出版社,1998年,第237页。

③ [美]乔万尼·萨托利:《民主新论》,冯克利、阎克文译,北京:东方出版社,1998年,第172页。

明精英与民主之间的调和，只有这样才能理解现实政治生活中偏离古典民主理论“人民当家作主”的现象。

竞争式民主是程序民主。古典民主理论在现实中遇到很大困境。因为根据其所定义的“民主”概念，那些即使不能称为“民主”的政府却能同样或者更好地符合人民的意志和幸福。竞争式民主的定义具有严格程序化的特点，“民主就是那种为作出政治决定而实行的制度安排，在这种安排中，某些人通过争取人民选票取得作决定的权力”，在这个定义中，民主本身不是目的，而是一种程序、一种方法，即实现政治——立法和行政——决策的一种制度安排，其运作方式是某些特定的个人由于成功地获得人民的选票而决定一切事务的权力。[①] 公民在程序中的作用只是经由选举来选择领导人，民主成为择取领导的竞争程序的副产品。萨托利认为，竞争式民主对民主作了“最低限度”的程序性定义[②]，这种程序和方法的存在与否，在大多数情况下是容易辨别和证实的，因此，这种民主定义为辨别民主政体和非民主政体提供了有效的标准。

竞争式民主是选举民主。选举(election)即是选择(selection)，选择起源于选拔(seligere)，选拔的本义是根据标准在不同的竞争者之间进行择优[③]，因此，选举本身意味着竞争，通过竞争性选举产生民主是选择政治精英的一种制度安排，韦伯就认为，民主程序的重要性在于确立了一种“选举的独裁”[④]。通过公民定期自由选举赋予了政治精英统治权的合法地位，所以这种情况下，选举等于民主，因而竞争式民主也被称为“选举民主”。

竞争式民主是精英民主。熊彼特与韦伯一样，认为古典民主“人民主权”的观念是含糊不清的，并且对现实毫无用处。[⑤] 受勒庞等群体心理学家的影响[⑥]，熊彼特认为普通老百姓是懦弱的、冷漠的、堕落的、易受感情控制和外部力量左右的非理性“动物”，“由此给予作为古典民主学说和关于革命的民主传说基础的人性画面沉重一击”。“典型的公民一旦进入政治领域，

---

① [英]戴维·赫尔德:《民主的模式》,燕继荣等译,北京:中央编译出版社,1998 年,第 225 页。

② [美]乔万尼·萨托利:《民主新论》,冯克利、阎克文译,北京:东方出版社,1998 年,第 171 页。

③ [美]乔万尼·萨托利:《民主新论》,冯克利、阎克文译,北京:东方出版社,1998 年,第 186 页。

④ [英]戴维·赫尔德:《民主的模式》,燕继荣等译,北京:中央编译出版社,1998 年,第 217 页。

⑤ [英]戴维·赫尔德:《民主的模式》,燕继荣等译,北京:中央编译出版社,1998 年,第 227 页。

⑥ 勒庞认为,群众缺乏理性,崇尚权威,容易被煽动和偏执野蛮,因此,广泛动员群众参与就会产生极权主义运动。(参见[法]古斯塔夫·勒庞:《乌合之众——大众心理研究》,冯克利译,北京:中央编译出版社,2000 年,第 5～12 页)

他的精神状态就跌落到较低水平上。他会毫不犹豫地承认,他辩论和分析的方法是幼稚的,局限于他实际利益的范围。他又成为原始人了。他的思想变得易于引起联想和充满感情。"[①]这种情形会带来消极的后果,"公民在政治问题上往往会听任超理性或不合理的偏见和冲动的摆布",既然政治中的人性是这样的,别有用心的集团就能够在很大程度上改变甚至制造人民的意志。在专业分工的今天,"如果我们希望公正地面对事实,我们务必承认,在除瑞士以外的任何类型现代民主制度中,政治不可避免地是一种职业"。如果谁要是还没有真正体会一位最成功的政治精英所说的话——正如实业家经营石油一样,我的职业是经营选票——那么,他在政治上就还处于幼稚园的阶段。因此,民主政治就是政治精英的统治,它并不意味也不能意味着人民真正的统治,人民只能是政府的生产者,只能是有接受或拒绝何种精英来统治他们的机会。[②]

从上面的分析看,受实证主义和行为主义的影响,熊彼特等检视了古典民主的缺陷,认为现实中的民主运作并不像古典民主那样存在,并提出了替代性理论——竞争性民主。他用描述性的方式,把民主视为一种以"选举"为本质的程序,其运作的核心是政治精英,他们通过争取人民的选票以获得作出决定的权力。大众只能是"乌合之众",除了以投票的方式选举领导人之外,根本没有任何能力参与任何政治行动。这样界定民主虽然颠覆了古典民主中"人民主权"的观念,但却更符合民主在现实西方国家运作的事实。

三、参与式民主(Participatory Democracy)

竞争式民主的实质就是以西方政体的实际运作为蓝本,以现实主义的手法来描述民主。由于在竞争式民主的范式下,回答的仅仅是当前民主实践的问题,衡量民主的标准不再是古典民主的模式,而是以西方"现实民主"的程度为依据,因此,那些背离西方民主实践的,或者与这种实践不同的模式,就有可能被错误地看作是经验上不正确的或不可取的模式。[③] 因此,竞

---

① [美]约瑟夫·熊彼特:《资本主义、社会主义与民主》,吴良健译,北京:商务印书馆,2000年,第379页。

② [美]约瑟夫·熊彼特:《资本主义、社会主义与民主》,吴良健译,北京:商务印书馆,2000年,第386~418页。

③ [英]戴维·赫尔德:《民主的模式》,燕继荣等译,北京:中央编译出版社,1998年,第266页。

争式民主中包含了判断一个国家的政治体系是否"民主"的一套标准[①]，从这个意义上说，本来是对现实描述的竞争式民主理论并没有信守自己最初的承诺，"常常从对于民主的一种描述性解释滑向一种新的规范性民主理论"[②]，最终成为另一个"民主政治神话"[③]。物极必反，当竞争式民主成为被人们顶礼膜拜的"神话"时，民主理论在20世纪60年代末出现了新的发展，参与——普通公民的广泛参与——要求在民主实践中占有一席之地。在佩特曼(Carole Pateman)、马克弗森(Macpherson)、巴伯(Benjamin Barber)和阿伦特(Hannah Arendt)等学者的推动下，对竞争式民主的批判和反思开始了，参与式民主兴起了。

(一)参与式民主兴起的原因

1. 规范性研究范式的兴起

当大多数政治学家致力于以价值中立为原则、行为主义为手段进行"科学化"的研究时，终于使"傲慢的科学掳掠了政治学"[④]，因此，到了20世纪70年代，一些政治学者重新举起了规范研究的大旗，他们认为政治学研究越科学化，就越很少与实际问题相联系，因为在过分强调经验的前提下，所有的陈述都以观察为基础并在大多数情况下力求量化，政治学家会把过多的注意力集中到琐碎的问题上，而对真正重要的问题却很少注意。[⑤] 这种对规范研究重视的风气也影响到对民主理论的研究。以前经验研究把主要精力放在描述和解释当前民主是如何运转的，认为公民政治的被动和冷漠是民主政治稳定运转的前提，从而修改了古典民主的定义。但是，规范研究则认为当古典民主理论与现代的民主事实发生矛盾时，政治学家的责任应该是寻求造成公民对政治被动和冷漠的原因，而不是解释此现象如何地有

---

① [美]卡罗尔・佩特曼：《参与和民主理论》，陈尧译，上海：上海人民出版社，2006年，第14页。

② [英]戴维・赫尔德：《民主的模式》，燕继荣等译，北京：中央编译出版社，1998年，第266页。

③ 这种新版本"民主神话"和规范的标准不再是"人民主权"的古典民主理想，而是现行西方政体所实际运作的"某些人通过争取人民选票取得作决定权力"的一种方法，古典民主的价值在这里已经看不到踪影。竞争式民主本身强调以经验为依据、价值中立为原则、但实际上却成了为西方民主政体现状辩护的形式。

④ 郭秋永：《当代三大民主理论》，台北：联经出版社，2001年，第78页。

⑤ [美]艾伦・C・艾萨克：《政治学：范围与方法》，郑永年等译，杭州：浙江人民出版社，1987年，第51页。

助于当前民主体系的运作,并为篡改古典民主理论提供经验依据。[①] 因此,规范研究的重视为参与式民主理论提供了方法论。

2. 新左派运动的兴起

参与式民主的思想早在卢梭等人的著作中就有所体现,但是,由于卢梭参与式民主思想中的激进特征,而被自由主义民主理论家所抛弃。到了20世纪60年代,新左派运动的兴起为参与式民主思想的复兴奠定了基础。最初,要求参与的呼声主要体现在学生运动、工作场所、社区管理以及与人们生活密切相关的领域。随着新左派运动的深入,要求参与的范围也逐渐扩大到政治生活和国家层面。1970年,佩特曼的《参与和民主理论》一书的出版,标志着参与式民主理论的正式形成。佩特曼的参与式民主理论得到了同时代许多学者的共鸣。如作为新左派代表之一的马克弗森对竞争式民主也进行了深刻的反思,认为只有公民不断地直接参与社会和国家的管理,个人的自由和发展才有可能充分实现。巴伯同样强调参与式民主的重要性,在《强势民主——新时代的参与政治》一书中猛烈地批评了自由竞争式民主,称其为"弱势民主"。巴伯的改革方案就是实行"强势民主",即以扩大人民对政治的直接参与为核心。[②]

(二)参与式民主对竞争式民主的批判

1. 竞争式民主颠覆了古典民主的理想

竞争式民主是民主现实主义,它注重一切正确的描述性命题,注重一切可由经验证实的陈述。正如熊彼特所断言,民主是与任何特定的理念和目的没有关系的一种理论,它仅仅是一种在实践中可以操作的政治方法罢了。然而,"政治应是现实主义的;政治也应是理想主义的。这两条原则相互补充时为真,相互分离时为假。"[③]竞争式民主在批判古典民主的过程中,民主的理想已经被抛弃,并从根本上改变了民主的规范意义[④],完全以现行民主国家的实际运作为依据,从而犯了新的谬误。民主是从其理想和现实的相互作用中,从应然的推动力和实然的抗拒力的相互作用中产生和形成的。

---

① 彭怀恩:《精英民主理论评介》,台北:正中书局,1983年,第84页。

② [美]本杰明·巴伯:《强势民主》,彭斌、吴润洲译,长春:吉林人民出版社,2006年,第3～27页。陈尧:《从参与到协商——当代参与型民主理论之前景》,载《学术月刊》2006年第8期。

③ [美]乔万尼·萨托利:《民主新论》,冯克利、阎克文译,北京:东方出版社,1998年,第43页。

④ [美]卡罗尔·佩特曼:《参与和民主理论》,陈尧译,上海:上海人民出版社,2006年,第13页。

也就是说民主的产生取决于价值与事实之间的紧张关系。是(事实、描述)什么与应是(价值、规范)什么,并不是在互不相干的两条轨道上奔跑的火车;相反,它们总是相互干扰和相互冲突。当把注意力完全集中在是什么上,就会造成一种处置和使用不当的现实主义,当单纯强调应是什么时,民主就会跌入至善论的陷阱。[①] 也就是说如果仅仅从规范性的角度要求民主,民主就会像任何其他的乌托邦一样,不是实现不了的天堂,就是实现了的地狱;相反,如果仅仅满足于现实的民主,民主则会变成一种没有价值取向的权术,民主将因此失去进步的动力。[②]

民主的古典定义——人民的统治,虽然无助于人们了解民主的实际运作,但出于规范的目的却是不可或缺的。[③] 规定的重要性并不亚于描述。民主制度的建立是价值压力的产物。民主是什么同民主应是什么是分不开的。民主只能在其理想与价值让它存在的范围内存在。[④] 可以说,尽管从描述的角度来讲古典民主的含义是不正确的,但是它可以使民主始终面临着民主应是什么的压力。只有规范民主和描述民主相结合,民主才能变成一个实践理想的永无止境的过程。而这个过程所积累的经验可检验理想的实践能力,更可维持民主在历史中不断完善与发展。[⑤] 参与式民主正是在恢复古典民主规范的作用上批判了竞争式民主。

2.竞争式民主运作中的"病症"

虽然在西方民主的历史上,竞争式民主是运行最久的一种民主形态,也是当今世界上最具有"宰制性"的民主形态。但是,在巴伯看来,它就像"一位心脏欠佳的长跑选手,表面上跑得稳健,但内在的力量却迅速消耗",以至于出现一些"病症",这种自由主义所支撑的,以多党竞争选举为核心的民主由于其本身固有的缺陷,最终沦为"弱势民主"。[⑥] 美国政治学会会长阿伦特·李帕特(Arend Lijphart)在 1996 年就职演说中认为,竞争式民主的最大困境就是政治参与数量的分配不均,呈现出偏向社会地位和经济地位较

---

① [美]乔万尼·萨托利:《民主新论》,冯克利、阎克文译,北京:东方出版社,1998 年,第 14 页。

② [美]乔万尼·萨托利:《民主新论》,冯克利、阎克文译,北京:东方出版社,1998 年,第 9 页。

③ 冯克利:《尤利西斯的自缚》,南京:江苏人民出版社,2004 年,第 110～125 页。

④ [美]乔万尼·萨托利:《民主新论》,冯克利、阎克文译,北京:东方出版社,1998 年,第 8 页。

⑤ 冯克利:《尤利西斯的自缚》,南京:江苏人民出版社,2004 年,第 110～125 页。

⑥ [美]本杰明·巴伯:《强势民主》,彭斌、吴润洲译,长春:吉林人民出版社,2006 年,第 3～27 页。郭秋永:《当代三大民主理论》,台北:联经出版社,2001 年,第 79 页。

高的公民,因而导致不公的政治影响力。[①] 其次,竞争式民主范式的垄断性[②],不但限定了民主政治的备选项,而且阻碍了对其他“正当形式”民主政治的追求,这种故步自封的观念使人们难以检视竞争式民主的缺陷。第三,不论就投票率高低而言,或就政治信任感的强弱而言,还是就介入政治事务的深浅而言,一般公民的政治疏离感是竞争式民主的醒目标记,从而预示着民主政治的破产。第四,竞争式不但破坏了政治参与,而且还侵蚀着“公民身份”(citizenship)。巴伯指出:根据纯粹的民主原则,政治系统的所有公民都应该自我作主,自行治理所有公共事务,而不应委托他人,方才符合“民主”的旨意。但是,为了适应人多地广的民族国家,一般公民不得不依靠代表治理国家,而牺牲了公民的统治权。[③] 代议民主基本上成了反民主的民主政治。第五,定期投票选举统治者是代议民主的核心设计,但投票的意义早在秘密投票的隐私下丧失殆尽。投票者原本应该是基于公共利益的判断,投下神圣的一票,但秘密投票的方式如同“排队上厕所”:成群结队排成一行,轮到自己时,默默地走到隐蔽隔间,自我舒解,拉下(投票机器的)拉杆,然后默默地回家,让给下一位。[④] 著名的政治哲学家、主张公民积极参与的汉娜·阿伦特(Hannah Arendt)也批判了竞争式民主。她认为,就历史发展的轨迹而言,竞争式民主确实曾经为想要参政同时又有能力参政的人打开了一扇通往政治的大门,帮助人们结束了专制制度。但在今天,竞争式民主的“参与性”已经日益退化,不足以应付时代的需要了。实际上,阿伦特认为竞争式民主目前正处于重大的危机时刻,其原因主要在于两方面:第一,由于政党政治的崛起,竞争式民主与人民直接参与的理想已经越离越远;第二,由于官僚体系的扩张,人民的声音也越来越微弱。[⑤]

3. 竞争式民主忽视了参与的积极作用

竞争式民主的理论假设之一就是:一般公民是被动的、冷漠的、无知的

① Arend Lijphart. Unequal Participation: Democracy's Unresolved Dilemma. *The American Political Science Review*, Vol. 91(1), 1997, pp. 1-14.

② 作为一种评判其他政体是否民主的标准。

③ [美]本杰明·巴伯:《强势民主》,彭斌、吴润洲译,长春:吉林人民出版社,2006年,第3~30页。

④ 郭秋永:《当代三大民主理论》,台北:联经出版社,2001年,第80页。

⑤ 阿伦特认为:官僚制是“没有专制者的专制制度,是人类历史上出现过的最冷酷无情的政府形式,在一个发展完备的官僚体系里,我们找不到任何一个人可与之讨论、抗议或施以(人民)权力的压力。”(参见江宜桦:《自由民主的理路》,台北:联经出版社,2001年,第216~220页)

和容易对统治者服从的，公民对政治的普遍冷漠是民主政治稳定和有效率运作的前提，公民的积极参与是不可取的。[①] 然而在倡导参与民主的理论家看来，竞争式民主的最大缺陷就是丧失了古典民主理论所具有的参与的意义。古典民主最关心的就是个人参与公共决策的过程，个人通过对公共事务的参与而获得了知识，认识自己的社会责任，发挥自己的潜能。"任何政府形式所具有的最重要的优点就是促进人民的美德和智慧。对任何政治制度来说，首要问题就是在何种程度上它们有助于培养社会成员的各种可向往的品质——道德的、知识的和积极的品质。"[②]参与式民主接续了古典民主对参与的重视：认为竞争式民主所强调的问题的核心不再是如何设计一个鼓励人民参与政治与提高其道德发展的政治制度，而是如何连接人民的实际参与度和有效而稳定行使的权力系统。[③] 佩特曼质疑人民的知识和参政能力不足，扩大参与只会扰乱民主制度的稳定性的观点。她认为人民通过参与实践而学会了参与，人民参与政治的过程可以强化政治效能感(political efficiency)，减少对权力中心的疏离感，培养公民对公共事务的关心，并且有证据表明，在参与性结构中的经历可以有效消除个人身上非民主态度的倾向。[④] 如果人们知道存在着有效地参与决策的机会，他们就会认为参与是有价值的，就会积极地参与，并且相信集体决定应当具有约束力。相反，如果人们不断被边缘化或被代表的程度很低，他们就可能认为：他们的观点和偏好很少得到认真对待，很少被平等地与其他人的观点和偏好相权衡，很少在一个公平或正义的过程中得以评估。[⑤] "参与孕育参与，民主滋养民主，少许的自治经验，激励更多的自治欲求；微量的政治行动，鼓舞大量的行动欲望。"[⑥]阿伦特则追随亚里士多德的传统，认为人天生就有参与政治的倾向，为了落实这个倾向，人应该积极参与政治，这种参与不仅是保

---

① [美]约瑟夫·熊彼特：《资本主义、社会主义与民主》，吴良健译，北京：商务印书馆，2000年，第370～394页。

② [英]J. S. 密尔：《代议制政府》，汪瑄译，北京：商务印书馆，1997年，第26～27页。彭怀恩：《精英民主理论评介》，台北：正中书局，1983年，第83页。

③ 彭怀恩：《精英民主理论评介》，台北：正中书局，1983年，第83页。

④ [美]卡罗尔·佩特曼：《参与和民主理论》，陈尧译，上海：上海人民出版社，2006年，第97～104页。

⑤ [英]戴维·赫尔德：《民主的模式》，燕继荣等译，北京：中央编译出版社，1998年，第337～338页。

⑥ 郭秋永：《当代三大民主理论》，台北：联经出版社，2001年，第119页。

障权利的必要手段,而且也来自于人的天性,是人对自我存在的一种实践与肯定。如果竞争式民主的假设成立的话,人与其他动物的差别就看不出来了,因为两者都会以安全、舒适和温饱为目的,没有更高更有意义的追求,为了彰显人的独特价值,积极参与必须得到大力鼓吹。①

(三)参与式民主的主要内容

1. 参与式民主是一种规范性的民主理论

佩特曼认为,当代竞争式的民主并不是充分的民主,而仅仅描述了现实民主政治制度的实际运作。民主并不完全是经验的,也应该有着特定的规范要求和价值取向。在反思竞争式民主的基础上,参与式民主改变了二战以来民主理论过分注重经验取向的分析,重新肯定了参与在民主理论建构中的重要意义。② 离开了公民的参与,民主只能是"弱势民主"。因此,从规范的层面说,参与式民主是以公民参与为价值取向的民主理论。虽然,参与式民主理论是一种批判现实的规范性理论,但是它并没有仅仅停留在理想的空中楼阁上,而是设计了一些制度来落实普通公民的直接参与。如阿伦特的协议制度(council system)③,巴伯的强势民主讨论的制度化、强势民主决策制定的制度化和强势民主行动的制度化三种模式。④ 这些制度设计形式对今后协商民主的制度设计有很大的启发。如果不仅仅把实践作为评判民主理论的唯一标准,参与式民主的意义就会更加彰显出来。"历史上美好的事物通常都是一瞬而逝。然而它们对以后一段很长时间的事物仍然会有决定性的影响。举例来说,古希腊时代那一段美好的古典时期不也是历时短暂,可是至今我们还不是深受其惠吗?"⑤况且,参与式民主所倡导的参与理念已薪火相传,日渐兴起的协商民主接过参与的大旗,继续构建弥补竞争式民主缺陷的新的民主形式。从这个意义上说,参与式民主的规范性并不会因为实践程度的高低而受到贬低;相反,它给民主的进步提供了动力,毕竟民主的进步离不开规范的推动力和价值的压力。

2. 参与的含义与范围

---

① 江宜桦:《自由民主的理路》,台北:联经出版社,2001 年,第 217~219 页。

② [美]卡罗尔·佩特曼:《参与和民主理论》(序言),陈尧译,上海:上海人民出版社,2006 年,第 8~12 页。

③ 江宜桦:《自由民主的理路》,台北:联经出版社,2001 年,第 220 页。

④ [美]本杰明·巴伯:《强势民主》,彭斌、吴润洲译,长春:吉林人民出版社,2006 年,第 311~344 页。

⑤ 江宜桦:《自由民主的理路》,台北:联经出版社,2001 年,第 225 页。

参与式民主认为,"选举式参与"不是真正的参与,"参与的含义是亲自参与,是自发自愿的参与。也就是说,参与不只是'属于'(仅仅被卷入某事),更不是非自愿的'被迫属于'"①。这种亲自参与是指所有的公民直接、完全的参与公共事务的决策。也就是说从公共议题的提出、议程的设定、议题的讨论和最后的决策,都必须由人民直接参与,而不是指参与选举,让代理人去替自己作公共决策。

在参与的范围上,佩特曼认为:个人与他们所处的制度无法割裂开来,全国层次上的代议制度的存在是必要的,但不是民主的充分条件,要实现所有人最大程度的参与,民主的社会化或"社会训练"必须在其他领域中进行,即社会中所有领域的政治体系通过参与过程得到民主化。② 虽然强调对各个领域的参与,但佩特曼认为人民直接参与最恰当的领域是与他们生活息息相关的工作场所、社区和地方自治,因为这是他们最感兴趣的,也是他们最了解的事务。巴伯虽然在制度上设计了邻里和国家两个层次的参与形式,但他更认同托克维尔所提倡的——每场民主革命都开始于无所不在的地方参与。③ 没有地方参与就没有民主。"如果人们还没有在地方层次上准备好参与,全国性政府的普选和参与是没有用的,正是在地方层次上人们学会了如何管理自己。""一项政治活动,每隔几年才举行一次,在公民的日常生活习惯中并没有为这一政治行动做好准备,当这一政治活动要求运用公民个人的智力、道德和品性时,却已经远离了它们。"也就是说,"大国中的个人往往能够有效地参与'巨大社会'的管理,那么,进行这种参与所必需的品质必须在社会基层得到培养和发展"④,地方层次上的参与不仅仅在于行使权力或者制定政策,还在于逐渐培养公民参与的德性、智力和能力。因此,与人民生活息息相关的工作场所和地方层次等是参与的最佳领域。

3. 参与式民主与竞争式民主的关系

参与式民主的多数学者并不认为应该取消选举或代表,"参与论者"即

---

① [美]乔万尼·萨托利:《民主新论》,冯克利、阎克文译,北京:东方出版社,1998年,第127页。

② [美]卡罗尔·佩特曼:《参与和民主理论》(序言),陈尧译,上海:上海人民出版社,2006年,第39页。

③ [美]本杰明·巴伯:《强势民主》,彭斌、吴润洲译,长春:吉林人民出版社,2006年,第306~312页。

④ [美]卡罗尔·佩特曼:《参与和民主理论》,陈尧译,上海:上海人民出版社,2006年,第29页。

使怀有直接参与的民主理想,他们也很少使其理论同直接民主完全相一致。[①] 佩特曼也否认这样的观点——即抛弃竞争式民主制度,把直接民主制度广泛地运用到所有政治、经济和社会领域,实现对各个领域完全平等和自由的管理。实际上,佩特曼认为竞争式民主的许多核心制度——竞争性政党、政治代表、定期选举——都将是一个参与性社会不可缺少的组成因素。公共事务中政党和利益集团的竞争可以最现实地促进参与式民主的原则。[②] 巴伯也认为:"直接民主意味着一种所有人可以在所有时间内就所有公共问题进行管理的政府形式;我们不能指望直接民主的形式在拥有数以百计的公民的规模庞大的国家中能够有效运行"。这种情况下,竞争式民主作为一种新的民主政府形式取代了直接民主。在竞争式民主中,一些经过所有公民选举出来的代表在全部时间内管理所有公共事务,从而提高了治理的效率。但是,在巴伯看来,竞争式民主获得了效率,却又牺牲了公民的参与权和公民身份,他所倡导的强势民主就是在不忽视竞争式民主所起作用的前提下积极落实公民的参与权和公民身份。[③] 总之,参与式民主是针对竞争式民主的缺陷进行修补,而不是激进的替代。

四、协商民主对竞争式民主的批判

从理论渊源上说,协商民主接续了参与式民主对竞争式民主的批判,[④] 重新赋予公民直接参与公共事务的积极性,并对影响到自己的公共事务决策进行协商和讨论。那么,协商民主又是从哪些方面批判竞争式民主的呢?

---

① [美]乔万尼·萨托利:《民主新论》,冯克利、阎克文译,北京:东方出版社,1998年,第127页。

② [英]戴维·赫尔德:《民主的模式》,燕继荣等译,北京:中央编译出版社,1998年,第338~339页。

③ [美]本杰明·巴伯:《强势民主》(1984年版序言),彭斌、吴润洲译,长春:吉林人民出版社,2006年,第1~7页。

④ 协商民主兴起的背景和参与式民主有些类似,都是起源于对竞争式民主的批判。具体到两者的关系,有人认为协商民主是参与式民主的一种,也有人认为协商民主和参与式民主是两种不同类型的民主形式。本书认为可以把协商民主看作是参与式民主范式下的一种民主形式。因为协商民主有两个主要方面:第一,强调参与,即所有受公共决策影响的公民都有权利参与政策的制定;第二,强调协商,即公共政策的制定应该是以公共协商为基础,支持或反对公共政策的主张都应该给出彼此都可以接受的理由。从本质上看,协商民主强调的重点仍然是"参与",只是在参与的方式上,协商民主比参与式民主更进一步,提出了以公共协商为参与的具体方式。可以说,协商民主是参与式民主的发展和深化,但参与的手段也是为了实现参与,协商民主的本质仍然是参与式民主,因此,可以把协商民主归纳为参与式民主的范畴。

（一）对公民无知识、无能力参与政治和分辨议题的观点批判

以熊彼特为代表的竞争式民主认为，公民是冷漠的、容易感情用事的和被煽动的，因此，在专业分工的今天，公民由于受知识和能力的制约而无法理解政策的议题，如果让无知无能的公民参与政治决策，无疑会降低决策的品质，所以公民在民主过程中的作用只是经由选举来选择领导人，"民主只能成为择取领导的竞争方法的副产品。"[①]相反，政治家的作用也不是反映公民的意志，而是通过竞争、广告和其他政治宣传塑造公民的意志，因为公民的意志是不存在的，公民是反复无常的，公民是软弱的，公民是扶不起来的阿斗。[②] 竞争式民主的这种对待公民的态度，遭到了协商民主的批判。

如果一般公民真的如竞争式民主所认为的那样，无法明智地判断政策议题，软弱而又缺乏意志，那么他们在投票时又如何能够明智地判断替他们决策的政治候选人的能力？[③] 靠无知识、无能力和无意志的"乌合之众"选举的政治领导人又能在多大程度上是有能力和明智的？在成熟的民主制度中，公民主要发挥着两种重要作用：一是作为裁判者，另一是作为参与者，但是竞争性精英民主理论只是强调公民的裁判作用，而忽视了参与的重要性。[④] 实际上，公共事务的决策需要的不仅仅是严格意义上的科学知识，一切重大的决策，无论涉及个人或政府，都需要道德和价值判断，需要对不同目的之间的冲突进行平衡，而且在有限的资源下，每个公民都应该有适当的机会来了解手段和目的之间的关系、自身的利益以及政策的预期后果与自身利益及所有相关他人利益的关系，而这种平衡和了解并不是靠专业知识所能解决的，需要引入公民的参与和讨论。[⑤] 实际上，公民冷漠、被动性格的形成与缺乏必要的知识、信息和参与的机会有关，所以，当前民主化的进步需要超越的最重要的瓶颈，是政治控制知识的专门化，它妨碍了公民利用

---

① ［美］乔万尼·萨托利：《民主新论》，冯克利、阎克文译，北京：东方出版社，1998年，第171页。

② 汪行福：《通往话语民主之路——与哈贝马斯对话》，成都：四川人民出版社，2002年，第119页。

③ ［英］戴维·赫尔德：《民主的模式》，燕继荣等译，北京：中央编译出版社，1998年，第244页。

④ ［美］罗纳德·德沃金：《至上的美德——平等的理论与实践》，冯克利译，南京：江苏人民出版社，2003年，第414页。

⑤ ［美］罗伯特·达尔：《论民主》，李柏光、林猛译，北京：商务印书馆，1999年，第79页。

政治上必要的专业知识来形成自己的意见。[①] 因此,不能把无知识、无能力作为排除公民参与决策的借口,知识和能力不是先天而生的,协商民主就是要让公民在参与中学习知识、提高能力、培养美德,增强责任和提升民主的品质。

(二)对简单多数决定原则的批判

以选举为基础的竞争式民主往往被简化为选举,选举被简化为选票,选票被简化为多数决定。截至目前,各种形式的多数决定原则一直是民主政治所依赖的决策形式。一个政治候选人或一项政策如果获得全体公民的一致同意是最完美不过的,但是,全体公民一致同意,除非在高压的条件下,到今天为止仍然是"民主的神话"。就其本质而言,多数决定原则就是在全体公民一致同意不可能的情况下而采取的一种裁决选举胜负或决策取舍的量化比较。一两个百分点之差足以决定某个公共政策的转向,或决定某个政治人物的一世功名。民主政治过程中的数量对决,虽然能对积极投入者激起如同观赏体育运动比赛般的刺激性快感,但是数量对决背后却是包含着绝无运动成分的严肃意义,因为多数决定后的结果将制约社会的每一个成员生活、行为和选择,这样以数量对决作为最终裁定的依据就值得考量。[②]

从历史和现实的角度看,多数决定原则都不是毫无疑义地被接受的:多数仅仅是一个量,一个纯粹数量上的权利是什么?为什么数量越多价值就越大?在这里,量变显然不能产生质变,一千万人的无知加起来也不等于一点点知识。其实,抛开对多数决定这种质疑之外,最应该受到批判的是量化比较的投票行为本身,因为投票者不需要公开证成(justify)他的选择。投票亭是保障其偏好和个人欲望的表达场所。在投票亭里,哪怕投票者是基于自私的理由而作出的选择(如害怕甲政党上台后会取消对自己某些方面的好处而投票给乙政党;或者仅仅因为是甲候选人比乙候选人长得漂亮而获得了更多的选票等等),他不需要向其他人说明其选择是以公共利益为考量的公共理性的产物,还是出于私心,或者说仅仅是个人一时情绪的反映。这种情况已受到协商民主的质疑:"私下和秘密的后果,投票者没有义务对其投票提出任何公开的理由,因此,没有任何东西能够阻止投票者纯粹根据

---

① [德]哈贝马斯:《在事实与规范之间——关于法律与民主法治国的商谈理论》,童世骏译,北京:三联书店,2003年,第392~393页。

② 许国贤:《商议式民主与民主想象》,载《政治科学论丛》2000年第13期。

自身的利益进行投票，同时也不需要考虑对集体来说什么是好的决策。”[①]这种情况下，选举的量化比较就是未经证成的偏好或欲望的数量对决，多数人偏好和欲望的正当性是建立在数量的优势上，而不是建立在理性讨论所推演的正确性或近似正确性上。因此，以多数决定原则为裁决机制的民主选举量化比较所衍生的另一个问题就是：多数人赞同的选择是否就是在理性检验下的较为完善并且以公共利益为考量的选项。简单多数决定原则曾经造成悲惨的后果，公元前339年苏格拉底之死，一直是对多数意见是否符合理性的反讽，更为甚者，这种反讽在近代民主体制中不断重演，德国希特勒的上台就是通过多数决定而赋予了“合法性”。这促使了民主理论家不得不正视多数决定原则问题的严重性。[②]

协商民主是为了批判和解决简单多数决定原则而出现的新思维。协商民主着眼于选择的品质(quality of selection)，并突出公共理性在民主中的诉求，试图把民主政治从熊彼特式的市场类比中解放出来，扭转民主过程中一直存在的选票数量的专制。协商民主更多地将重点集中在参与和决策的品质上，特别是如何才能更加有助于产生被合理证成，且符合公共利益的选择或决策，而要达到这个目的，就是要通过公开陈述理由的协商。当公开陈述理由成为制度化的设计和要求时，参与协商的公民和政治人物，就不可能仅仅从私人或者小团体的利益出发来说服别人。[③] “在现代协商民主的支持者中，没有人相信充分和全面的协商要求每个人都能够满意地将自己的观点作为任何集体决策的前提。”[④]如果无法就某些决策特别是紧急问题达成共识时，将会诉诸某种形式的多数原则，甚至是更权威的决策原则。协商民主也并不是完全否定多数决定原则，而是强调多数决定原则必须配合公开的协商而存在，希望在量化的比较中加入质的成分，而不仅仅是靠简单的多数决定原则定胜败。公开的协商和充分的讨论，一方面可以把私利的表达和情绪的冲动降到最低；另一方面，在公开陈述的理由中了解到对方的价值与偏好，即便不能达成一致的同意，也会以“扩大的心胸”(enlarged men-

---

① [美]詹姆斯·D·费伦：《作为讨论的协商》，王文玉译，载陈家刚选编：《协商民主》，上海：上海三联书店，2004年，第10页。

② 许国贤：《商议式民主与民主想象》，载《政治科学论丛》2000年第13期。

③ 许国贤：《商议式民主与民主想象》，载《政治科学论丛》2000年第13期。

④ [美]约翰·费尔约翰：《建构协商民主制度》，李静译，载陈家刚选编：《协商民主》，上海：上海三联书店，2004年，第192页。

tality)[①]来对待存在的分歧。这样经过公开协商后的多数决定是有质量的多数决定,是合法性和正当性被大大强化的多数决定。[②]

(三)对聚合式民主的批判

竞争式民主把政治比拟为市场,把公民变为选民,精英在政治的市场上公开叫卖自己的产品(政纲)来竞争选票。以多数决定的形式来判定选民偏好聚合(preference aggregation)竞争的成败。[③] 尤其是二战以来,政治竞争和市场竞争的共存现象,使得用经济学的方法分析政治现象成为一种潮流,出现了理性选择理论(rational choice theory)。理性选择理论把竞争式民主的假设推向极致,认为政治领域如同市场领域,公民在政治领域也是理性和自利的,有着自己的偏好结构,选择的目的是追求自己功利的最大化,民主的过程就是通过计算个人偏好的总和决定政治家是否当选或政策是否合适的过程。在这种聚合式民主(aggregate democracy)的过程中,一般的公民在经过理性的计算后,认为自己对政治过程的影响力很小,所以就没有动机去完成民主政治中一个理想公民应该完成的义务,从而造成了唐斯所描述的"理性无知"的状态。[④]

聚合式民主将个人的偏好看作是固定不变的,个体的偏好聚合成集体偏好,从而形成公共决策。缺乏公共讨论的聚合式民主只是将个体的偏好简单地汇集成多数决定,由于仅仅完全依赖于聚合的程序,这样不但不能提升民主的品质,还将产生武断的集体选择,这些选择不是基于对公共利益的考虑,也不可能对公共利益的需要做出合理说明。在成熟的民主制度中,公

---

① Enlarged Mentality 是汉娜·阿伦特对康德在《判断力批判》中提出的一种观点的英译,康德认为如果一个人抛开个人的主观意见和私利,而从他人的立场来反思自己的判断,即为"扩大的心胸"。

② 许国贤:《商议式民主与民主想象》,载《政治科学论丛》2000 年第 13 期。

③ 早在理性选择理论形成以前,熊彼特就以经济学的方式思考民主,把政治比拟为市场,因此,著名的经济学家保罗·萨缪尔森和威廉·诺德豪斯在其名著《经济学》(第 16 版)中认为:熊彼特在《资本主义、社会主义与民主》一书中开创了理性选择理论。著名的理性选择理论学家唐斯也认为:熊彼特关于民主政治的深刻分析是他们获得灵感的来源(参见[美]格林、沙皮罗:《理性选择理论的病变——政治学应用批判》,徐湘林、袁瑞军译,桂林:广西师范大学出版社,2004 年,第 2 页。方福前:《公共选择理论——政治的经济学》,北京:中国人民大学出版社,2000 年,第 1～4 页)。这充分说明熊彼特虽然没有明确说明自己的理论是理性选择式的,但他的民主理论本身已经体现了聚合式民主的特点,只不过那时理性选择理论还没有形成,还没有对他的民主理论进行新的概括。

④ [美]安东尼·唐斯:《民主的经济理论》,姚洋等译,上海:上海人民出版社,2005 年,第 1～18页。

民主要发挥着两种不同的角色：一是作为政治竞争的裁判者，二是作为政治竞争的参与者。但是竞争性式民主中强调的只是公民的裁判角色，而忽视了参与者的角色。[①] 当前的民主体制以结构化的形式界定了公民在民主中的消极角色，而与公民这种消极角色相呼应的，则是将民主过程视为一种通过计算每一个人偏好的总和来选择政策取舍的过程。竞争式民主并不试图改变每一个人的偏好，并且通过以整个社会为范围的量化比较来决定哪些偏好享有优先性。相比之下，协商民主认为，个人的偏好不是先天形成和固定不变的，个人的偏好可以而且也应该通过对公共利益的理性和公开的讨论，在与他人的互动过程中而改变。"在鼓励真正协商的民主社会中，偏好不仅会在公民获得更多关于政策的信息时改变，当了解到其他公民的偏好，并发现其从前未曾考虑到的政策选择时，偏好也会改变。"[②]所以，协商民主强调公共协商的重要性，通过公开、公正、自由、平等地讨论来修正自己的偏好和价值，将利益冲突转化为利益共识。简言之，协商民主试图去正视竞争式民主实践里容易受到操纵的未经思虑的偏好（unreflective preferences）并发展公民的非自利、以公共关怀和利益为目标的协商潜能，这是协商民主和竞争式民主之间最主要的对立面。

第三节　协商民主的概念、特点与原则

一、协商民主的概念

概念体现了对事物最为本质的概括，本书也希望从协商民主的概念中得到对协商民主本质的理解。遗憾的是，如同任何理论一样，协商民主理论内部也存在着分歧，就像费伦所说：如果你要给协商民主下定义，就会陷入应该怎样准确理解的争论中[③]，但这是否意味着协商民主会成为毫无指涉的概念？其实不然，在众多的研究中，如果对协商民主的理解没有分歧才是

---

① [美]罗纳德·德沃金：《至上的美德——平等的理论与实践》，冯克利译，南京：江苏人民出版社，2003年，第414页。

② [美]小莱尔·卡特：《协商民主能挽救我们吗？》，载陈家刚选编：《协商民主》，上海：上海三联书店，2004年，第289页。

③ [美]詹姆斯·D·费伦：《作为讨论的协商》，王文玉译，载陈家刚选编：《协商民主》，上海：上海三联书店，2004年，第1页。

令人难以置信的。其实不论哪一种理解，各种协商民主概念中应该有一个“最大公约数”，否则不同的协商民主研究者之间就会只有差异而没有交集，协商民主就会因为众说纷纭而彻底陷入概念的混乱中。因此，我们不可能期望对协商民主有完全一致的概念，但希望从不同的协商民主概念中找出这个“最大公约数”。

梅维·库克(Maeve Cooke)认为，如果用最简单的术语来表达，协商民主指的是为政治生活中理性讨论提供基本空间的民主政府。[①]

瓦拉德斯(Jorge M. Valadez)认为，协商民主是一种有着巨大潜力的民主治理形式，它能够有效回应多元文化之间的对话，促进不同政治话语的相互理解，尤其强调对于公共利益的责任，支持那些重视所有人的利益与需求的公共政策。[②]

古特曼(Amy Gutmann)和汤姆森(Dennis Thompson)认为，可以把协商民主定义为一种统治形式，在这种形式下，自由而平等的公民通过一定的程序给出彼此都可以接受的理由来证成(justify)决策的合理性。[③]

杨(Young Iris Marion)把协商民主的概念归纳为四点：第一是包括(inclusion)，所有受影响的公民都被包括在决策的过程中；第二是政治平等(political equality)，所有受影响的公民享有平等的机会和权利来表达他们的想法和利益；第三是合理(reasonableness)，参与者要有开放的胸怀和认真倾听的态度，愿意改变个人不合理的偏好；第四是公开(publicity)，参与者要公开说明自己的利益和偏好。[④]

乔·埃尔斯特在其主编的《协商民主》一书中，总结了有关协商民主的观点，认为所有协商民主定义之间存在广泛的一致，那些被视为协商民主的现象有一个突出的核心含义，他把协商民主概括为两部分，即协商与民主。民主意味着任何集体决策必须经由所有会受到影响的公民或其代表者参与

---

① ［爱尔兰］梅维·库克：《协商民主的五个观点》，王文玉译，载陈家刚选编：《协商民主》，上海：上海三联书店，2004 年，第 43 页。

② 陈家刚：《协商民主：民主范式的复兴与超越》，载陈家刚选编：《协商民主》，上海：上海三联书店，2004 年，第 2 页。

③ Amy Gutmann and Dennis Thompson. *Why Deliberative Democracy*? Princeton：Princeton University Press，2004，p. 7.

④ Young Iris Marion. *Inclusion and Democracy*. Oxford：Oxford University Press，2000，pp. 18-26. 转引自：邓宗业、吴嘉苓：《法人论坛——新兴民主国家的公民参与模式》，载《台湾民主季刊》2004 年第 1 卷第 4 期。

而达成；协商则意味着决策的过程是以公共讨论的方式进行的，并且参加讨论的公民或其代表者具备理性与公正的品德。[①]

当然协商民主的定义还有很多，不可能一一列举，但是从以上概念可以看出，协商民主的最大公约数有两个重要方面：一是所有受到公共决策或者公共治理影响的公民或代表都有权利参与公共政策的制定或公共治理的活动，这是公民参与的方面；二是民主的公共决策或公共治理应该是以公共协商为基础，支持或反对公共政策的主张或公共治理的活动都应该从能否增进公共利益的角度来论证，这是公共协商的方面。这两个方面促使公共决策或公共治理由注重少数精英的权力、知识和金钱的力量转到注重普通公民公共讨论和协商的力量。

二、协商民主的主要特点

根据古特曼和汤普森的观点，协商民主主要有四个特点[②]：

第一，给出理由（reason-giving）：协商民主认为公共决策的证成（justification）需要由公民或者其代表参与来达成，并且在一个民主国家中，公民或其代表都应该为赞成或反对的公共决策提出理由。给出理由的道德基础是基于这样的民主观念，个人不应该仅仅被视为立法或公共政策的对象，不应该仅仅被视为消极的被统治者，而应该被视为自主的能动者，他可以直接地或通过其代表参与到社会治理的过程中来。在协商民主中，这些主体参与的一个重要方法就是给出理由以及回应其他主体的理由。协商民主要求决策时给出理由的意义是：一方面产生一个可以得到证成的公共决策，另一方面表达相互尊敬的价值。如果仅仅通过投票而没有给出理由形成的公共决策，即使是多数赞成，也违反了协商民主的要求，而且也没有对少数表达平等的尊敬。

第二，给出的理由是所有公民都可以容易理解和接近的（accessible）：公民在协商民主的过程中所提出的理由，应该是对所有陈述对象都可以容

---

① Jon Elster. "Introduction," in Jon Elster(ed.), *Deliberative Democracy*. Cambridge: Cambridge University Press, 1998, p. 8. [美]约·埃尔斯特主编：《协商民主：挑战与反思》，周艳辉译，北京：中央编译出版社，2009年，第9～10页。

② Amy Gutmann and Dennis Thompson. *Why Deliberative Democracy*? Princeton: Princeton University Press, 2004, pp. 3-7. 林火旺：《审议民主与公民养成》，载《台大哲学评论》2005年第29期，第114～115页。[美]埃米·古特曼、丹尼斯·汤普森：《审议民主意味着什么？》，谈火生译，载谈火生编：《审议民主》，南京：江苏人民出版社，2007年，第4～7页。

易接近的,或者说这些理由是大家都可以理解的。这种形式上的理由满足两种意义上的公开性:一是协商本身必须在公开的场所进行,二是理由的内容也必须是公开的,如果参与协商的其他公民不能理解所陈述理由的内容,就无法通过协商证成公共决策的合法性。虽然在讨论的过程中,有些证据可能是太专业,但这并不意味着给出的理由是大家不能理解的。

第三,协商后如果产生共识,对公共决策具有约束力(binding):协商程序的目的是为了产生决策,协商不像是谈话节目或学术研讨会,参与者不是只为了论证的目的而辩论,甚至不是为了真理本身而辩论,他们希望的是其讨论的后果能影响政府的公共决策,或者可以影响未来如何做出公共决策,所以如果协商后能产生共识,对公共决策就应该具有约束力。

第四,协商的过程是动态的(dynamic):协商民主的目的是要形成一个可以被证成的决策,但是它并不预设这个目标一定可以达成,所以它保持开放和持续对话的可能性。一个公共决策可能维持相当长的时间,但在某种意义上,又是暂时的,它必须对未来时间的挑战保持开放。因为政治和许多实际生活一样,公共决策程序和结果都不是完美的,因此我们不能保证今天的公共决策明天还会是正确无误的。另外,在政治中的大部分公共决策并不是共识的,那些不同意原始公共决策的人如果相信将来有机会修正现在的决策,那么他们接受目前决策的可能性就较大。

三、协商民主的原则

协商民主的过程中需要遵循一定的原则:

第一,公开性(publicity):公开性意味着公民和官员需要公开地给出理由来合理证成他们的行为和决策。秘密投票表达自己的偏好和选择是当今民主政治的通则。在这个过程中,个人没有义务对其决定的动机或原因作出任何解释,个人也不用为其偏好或选择作出任何公开的说明,如因为收受了贿赂、或因为某个候选人是自己的亲戚、或为了保障自己的既得利益等,因此,个人的偏好或选择得以秘密地表达。相反,协商民主认为,如果个人不必公开说明选择的理由,个人极有可能在隐秘性的庇护下追逐自己的私利,每个人应该必须就其选择的理由进行公开陈述。“公开陈述观点的这项程序能迫使对个人的偏好或选择进行一种特定的反思(reflexivity);当向他人陈述其观点和立场的时候,个人就必须在公开场合向其他参与协商的成员提出好的理由(good reasons)。这一公开提出好的理由的过程,会迫使参与者去思考什么样的理由才是对所有相关人好的，因此，参与者将被迫去从所有相关者的立场来思考选择，因为他所诉求的必须得到他人的赞同。”①

第二，互惠性（reciprocity）：互惠性意味着公民可以理性和互惠地思考，当他人从我的原则和立场上表达他们的要求时，我也可以从他们的原则或立场上表达我的要求，这是以寻求公平的社会合为志向的公民应有的相互尊重。协商民主所假设的行为动机是一种试图向他人证成的愿望（desire to justify to others），因此，在其运作的过程中，互惠性是一个重要的原则。古特曼和汤普森把互惠性作为协商民主的核心原则，因为即使在彼此讨论、说服的过程中并没有形成全体接受的结论，依然处于道德分歧的状态，最后不得不借助多数决定原则作出决定，但至少互惠性所包含的相互尊重的原则会为未来继续进行有理由的对话和协商保留了空间。“在面对冲突时，相互尊重不仅有助于维系共同体的存在，也有助于冲突的调节；相互尊重为未来的不同的、更具有弹性的解决方案提供了可能性。”②

第三，责任性（accountability）：责任性意味着在协商过程中，对自己的行为负责。在协商对话的过程中，参与者不但知道自己的偏好，也理解他人的立场，更知道一项促进公共利益政策的形成必须得到各方的支持和共识。因此，参与协商的公民必须承担提供理由说服协商过程中其他参与者的责任，对其他作为理由和观点的理由及观点作出回应的责任，根据协商过程中提出的理由和观点修正各种建议以实现共同接受的建议的责任。③

第四，平等性（equality）：平等性意味着所有受公共决策影响的公民享有平等的机会和权利来表达他们的想法和利益，且在参与的过程中不受威胁或支配。协商民主虽然强调公共协商的过程，但有些人却会因为经济、政治和教育背景的限制，无法平等有效地参与协商过程的理性论证和有效地表达他们想陈述的内容，因此，协商民主要尽力避免协商（deliberation）力

---

① Seyla Benhabib. “Toward a Deliberative Model of Democracy Legitimacy,” in S. Benhabib (ed.), *Democracy and difference*. Princeton: Princeton University Press, 1996. 转引自许国贤：《商议式民主与民主想象》，载《政治科学论丛》2000 年第 13 期。另参见[美]塞拉·本哈比：《民主与差异：挑战政治的边界》，黄相怀、严海兵等译，北京：中央编译出版社，2009 年，第 76～77 页。

② Amy Gutmann and Dennis Thompson. *Why Deliberative Democracy*? Princeton: Princeton University Press, 2004, p. 80.

③ [英]马修·费斯廷斯泰因：《协商、公民权与认同》，载[南非]毛里西奥·帕瑟林·登特里维斯主编：《作为公共协商的民主——新的视角》，王英津等译，北京：中央编译出版社，2006 年，第 43～48 页。陈家刚：《协商民主：概念、要素与价值》，载《天津市委党校学报》2005 年第 3 期。

量的不平等。协商民主除了强调程序上的平等,也强调实质上的平等,确保每个人都有平等地展现自己政治影响力的机会,或者说具有平等的政治影响力。也就是,每个参与者在协商的过程中,不是基于政治、经济和教育资源的不对称而产生最好的决定,而是基于论证(argument)的力量使他人愿意改变自己的偏好和主张。为了确保每个人都有机会平等协商和影响他人的机会,协商民主必须促使每个人都能够积极参与相互讨论的过程,使每一个人都能发展论证和说服他人的能力,而不受制于权力和其他资源的限定。各种不同意见和立场的人,都有平等机会表达和说服他人,他们的关系必须是自由和不受制于他人的。①

第五,包容性(inclusion):由于协商民主强调理性的说服和论证,对那些具有理性表达和论证能力的人较为有利,而不利于那些表达较差、情绪化或不同于主流表达形式的特定团体与族群(如女性或少数族群的语言与表达方式)。如果协商民主对许多言说形式加以忽视(如讲故事的方式、受害经验的表达、用文化的仪式表达愤怒等其他足以引起共鸣的形式),那么协商民主也会忽视表达者的特殊处境以及这些表达形式背后所展现的文化内涵,而造成实质的不平等。桑德斯(Lynn M. Sanders)认为一些公民比其他人更能用理性、合理的语言来表达其主张或论证,使他人较容易接受其观点,尽管其主张并非真实和有价值。② 当参与者在公共领域中与主流族群不共享一些文化、论证方式和评价方式时,他们有可能被视为非理性的,而被排除协商之外。如果某种议题被结构性地忽视,同时这些意见的表达者又是社会中处于劣势地位的群体时,协商民主必须包容多样性和不同的声音,不能以是否符合特定的表达形式,或者以是否符合理性的要求而被排除在外。没有任何人主宰讨论的过程,或强制他人接受或拒绝一种意见,他们可以用自己的方式,表达利益、需求和立场,而不会因为缺乏适当的表达形

① Jack Knight and James Johnson. Aggregation and Deliberation: On the Possibility of Democratic Legitimacy. *Political Theory*, Vol. 22(2), 1994, pp. 277-296. 转引自陈俊宏:《邻避(NIMBY)症候群,专家政治与民主审议》,载《东吴政治学报》1999 年第 10 期。

② Lynn M. Sanders. Against Deliberation. *Political Theory*, Vol. 25(3), 1997, p. 349.

式和知识而被排除在外。[①] 每一个人都可以有效地运用自己的文化资源，通过沟通与协商的过程，鼓励拥有不同社会地位和文化背景的个人或团体，理解彼此的差异和经验，让各人或团体超越自己狭隘的私利心和本位主义，发展出对社会更为全面的理解。[②]

第四节　协商民主的价值

作为20世纪90年代以来重要的一种民主理论，协商民主究竟有何价值？有的学者认为其价值在于促进公共决策的合法性和提高公共决策的质量；有的认为体现在对公民的转化和教育作用，公民通过参与和讨论公共事务，理性批判和反思能力得到锻炼，参与公共事务的意愿得到增强，道德素养水平有了提高等。

一、促进公共决策的合法性

"如果决策不是强加给公民的话，他们之间的协商肯定是必不可少的"。大多数协商民主的支持者认为，只有当公共政策是通过协商和讨论的方式制定出来，并且参与协商的公民和公民代表超越了单纯的自身利益和局限，反映公共利益时，决策才是合法的。[③] 也就是说，公共决策合法性的来源，不是来自于个人已经决定的意志，而是来自于意志的形成过程，也就是公共协商的过程。在协商的过程中，所有当事人的意见和利益都能平等地表达出来，并尽可能地使决策的结果让大多数人所接受。因为决策意味着对资源的重新分配，在资源缺乏的情况下，每个人又同等地享有对资源使用的权利，所以如何寻求一个对大家都可以接受的结果以强化其合法性就显得相当重要。在面对资源的有限性、有限的宽容、不相容的道德价值观和存在着

---

① 也有的对这种包容性提出了质疑："协商是与他人达成政治决策的一种方法，它具有其竞争者所不具有的独特优势，但如果所有政治互动方式都分别地成为'协商'，那么这种独特优势也许就不存在了。"（参见[美]戴维·米勒：《协商民主不利于弱势群体》，载[南非]毛里西奥·帕瑟林·登特里维斯主编：《作为公共协商的民主——新的视角》，王英津等译，北京：中央编译出版社，2006年，第146页）

② 陈俊宏：《邻避（NIMBY）症候群，专家政治与民主审议》，载《东吴政治学报》1999年第10期。

③ [美]詹姆斯·博曼：《公共协商：多元主义、复杂性与民主》，黄相怀译，北京：中央编译出版社，2006年，第4页。

许多合理的但又对资源该如何分配具有不同主张的情况下,通过协商的程序,增加了制定出公正政策的机会,与其他方式相比,协商民主包含着更多自我修正的手段,在互换意见的讨论中,公民和其代表之间能够相互学习。协商的最终结果,并非是权力角逐的产物,即使当协商没有令人满意地解决某个具体政策的冲突,但是协商民主的自我修正能力使得希望能够继续存在,即希望在将来能找到满意的方案。在一个民主的社会中,协商使得通过对话和妥协而不是越轨的方式找到解决冲突的途径。①

公共决策合法性的促进,不仅依赖公民平等地参与协商,更依赖公民参与过程中彼此进行的理性沟通、协商和讨论。理性沟通分别在实用/科学和价值/规范两个层次上赋予公共决策合法性。在实用/科学层次上,按照人是"有限理性"(bounded rationality)的原则②,个别决策者或决策群在特定的政策议题上知识必然是有限和片面的。因此,公共决策的结构就变得非常重要。公共决策不但本身必须广泛吸取专家的意见,同时,公共决策在结构上必须让受到决策影响的普通公民与行政人员、专家等进行意见交换、沟通、讨论、聆听、思考和判断,这样在具体层面上有助于促进公共决策的合法性。

另外,一切重大的公共决策,无论涉及个人或政府,都需要道德和价值判断,实用/科学层次处理的是"客观"问题,在公共事务中还有许多"主观"问题不是光靠知识、科学和参与便能解决的。一个共同体如果对价值、规范没有共识,即使有丰富的专业知识和广泛的公共参与,也无法达成良好的公共决策。无论是政策问题的界定或是政策目标的设定,一个社会对于是非对错的共同认知是界定问题和设定目标的前提,如公平和正义等是否值得追求的价值?什么样的行为被认为违反了这些价值?如果没有一个隐含和公认的标准存在,任何公共决策都不可能获得合法性。简言之,实用/科学层次能解决实用层次的问题,却无法解决道德、价值、规范层次的问题;实用/科学层次是达成公共决策的不可或缺的,但仅仅依靠它也不足以支撑任

---

① Amy Gutmann and Dennis Thompson. *Democracy and Disagreement*. Princeton: Princeton University Press, 1996, pp. 21-22. [美]阿米·古特曼、丹尼斯·汤普森:《民主与分歧》,杨立峰、葛水林、应奇译,北京:东方出版社,2007年,第10~48页。

② 1978年诺贝尔经济学奖获得者西蒙认为:人在知识、信息、时间、经验和能力等限制下,拥有的是介于完全理性和非理性之间的"有限理性",因此,人对问题无法完全了解和掌握,无法作出完全理性的选择。

何公共政策。真正能够赋予决策合法性的并非仅仅是参与者达成的共识，而是参与者能够把政策与共享的价值规范连接起来的说理(reasoning)。价值与规范都是抽象的，公共决策则是具体的，当参与者通过理性的沟通，如果发现具体的公共政策与抽象的原则能够兼容，相关的决策便获得了合法性。也就是说，合理化的协商、沟通和讨论的过程也是检验决策结果是否符合共同被接受的价值和规范的过程，也是促进公共决策合法性的过程。①

二、提高公共决策的品质

博曼认为：对协商民主价值最好的辩护就是公共协商提高了公共决策的品质。② 首先，公共协商的过程能够充分提供信息，减少或克服有限理性，从而有助于提高公共决策的品质。人类是“理性动物”，但人类所享有的是“有限理性”，任何决策者在作决定时，因受有限理性、生活经验和时空的限制，只能够获得并吸收一部分信息，其所作的决策只是通过“约略法”(approximate method)获得的，而非精确计算的结果。基于人类理性的有限，在公共决策的过程中，与他人的沟通、对话和讨论，对形成良好的公共决策尤为重要。因为，我们的想象力和计算能力是有限和容易犯错的，讨论是消除有限理性影响的一种方式，面对复杂的公共决策，每个人都希望通过讨论而集中其有限的理性和能力，增加作出公共决策最佳选择的几率。③ 其次，如哈贝马斯所言，公共协商是针对共同的问题寻求解决方案的过程，需要利用知识，也吸收知识，以便在共同目标的追求下来调解冲突。④ 主张某种公共政策的选择是最佳方案的论点，必须在公共讨论过程中合理说明，也接受公开质疑与批评；就此而言，公共决策就是寻找真实(search for truth)的过

---

① 卢倩仪：《审议式超国家主义》，载《问题与研究》2004 年第 6 期。

② [美]詹姆斯·博曼：《公共协商：多元主义、复杂性与民主》，黄相怀译，北京：中央编译出版社，2006 年，第 24 页。

③ 讨论类似于头脑风暴法，通过讨论可以减少有限理性的影响主要体现在两方面：第一，讨论具有“附加”价值，因为有的参与者可能会考虑到其他人没有考虑到的可能性；第二，讨论具有“倍增”价值，因为在讨论的过程中，参与者会考虑到一些原本各自不会想到的问题或可能性。（参见[美]詹姆斯·D·费伦：《作为讨论的协商》，王文玉译，载陈家刚选编：《协商民主》，上海：上海三联书店，2004 年，第 7 页）

④ [德]哈贝马斯：《在事实与规范之间——关于法律与民主法治国的商谈理论》，童世骏译，北京：三联书店，2003 年，第 358～409 页。

程,这样有助于达成较为正确的决定而提升公共决策的品质。[①]

三、培养公民理性批判、反思和倾听的能力

在选举民主中,投票亭是保障个人偏好和欲望的场所,个人秘密地行使其选择的权利,这种私下和秘密的后果是:公民没有任何义务对其投票提出任何公开的理由,因此,没有任何东西能够阻止公民纯粹根据其自身的利益进行投票,同时也不需要考虑他人的立场和公共利益。[②] 但是,协商民主不同,它强调在公共协商的过程中,所有赞成还是反对的公共决策的观点,都必须以说理的方式来论证,允许个人或团体从他人的立场、角度等方面考虑问题。通过这种双向沟通与协商的锻炼,鼓励公民对官员或专家言论的质疑,有助于公民之间理性批判与反省能力的培养,养成"被道理说服"而不是"被权威压制"的理性思考态度。公民理性批判和反思能力的增强,最终将有利于民主政治的建立。

另外,协商民主还有助于培养公民倾听的能力。因为在选举民主中,对立的公民在处理分歧的辩论中,双方的目的都在于宣传自己,打击对手,这样他们对"说"的重视远远胜于"听",即使当他们听的时候,也是试图找出对方说话的破绽,把对方打倒,这样,缺乏沟通的单向度的"只说而不听",更加剧了各方的分歧和冲突。但是,在协商民主中,各种不同的声音都能得到展现,"听"的重要性并不亚于"说",因为"人们如果只说而不听,是在巩固教条而非质问教条,是在制造对手而非让对手信服,同时将出错的责任完全归于他人"[③]。因此,协商民主认为只有用心倾听,才能以平等的态度、理性的思考和"扩大的心胸"去对待双方的分歧,这样,即使不能解决问题,双方在理性的对话中也能了解到对方立场的合理性,表达了相互的尊敬,为今后的进一步协商打下基础。协商民主强调,正是在理性的公共协商、沟通和讨论过程中,个体公民会逐渐培养出倾听不同声音的能力。

---

① 林国明、陈东升:《公民会议与审议式民主:全民健保的公民参与经验》,载《台湾社会学》2003年第6期。

② [美]詹姆斯·D·费伦:《作为讨论的协商》,王文玉译,载陈家刚选编:《协商民主》,上海:上海三联书店,2004年,第10页。

③ Barber Benjamin. *A Place for Us: How to Make Soceity Civil and Democracy Strong*. New York: Hill and Wang, 1998, p. 115. 转引自许国贤:商议式民主与民主想象,载《政治科学论丛》2000年第13期。

四、提高公民的道德素养

如果公民不为国家做什么事情，那么人们将不关心他的国家；如果公民不参与政府的治理，将不会有促进其公共参与能力的激励因素，他们将沉溺于道德和知识的懒散之中。[①] 公民参与公共事务，纵然只是偶然的参与，也会对其道德教育大有帮助。因为在参与公共事务时，他要衡量的不仅是自己的利益；在遇到几种对立的主张时，他要根据个人偏好和利益以外的准则去作决定；在任一场合都要运用那些依据共同利益为基础的准则……他会从心理上感受到自己是社会的一分子。在缺乏公共参与和公共精神教育的地方，个人所处的社会地位既然无足轻重，他们除听命政府外，极少感到对社会负有什么责任。他们朝夕所想的，无非是对个人或家庭的利益和责任，从不会想到集体的利益。[②] 因此，作为公共协商的参与是提高公民道德素养的重要手段。

在公共讨论的过程中，公民可以了解他人的立场和公共的利益，扩大了公民的视野，具备掌握各种不同可能观点的机会；了解到自己的利益通过与他人的合作才有可能实现，因此，通过这样的过程，共善才可能成为公民认知与德行的一部分，公共参与在这个意义下，会促进公民德行的发展，因为他将会超越个人利益、情绪、偏执的态度，成为一个正直的公民；公民参与是一种权力的行使，通过这样参与协商的经验，公民可以了解到自己的行为必须要对其他公民负责（accountability），这也是一项公民重要的德行。[③] 公民道德素养的提高，必须要通过实际的参与经验来培养，只有让民众真正地自己组织讨论、进行不同意见的交流和完成讨论，他们才有可能直接体验到民主参与所需要的态度，并且加以改变和培养。

---

① [美]詹姆斯·D·费伦：《作为讨论的协商》，王文玉译，载陈家刚选编：《协商民主》，上海：上海三联书店，2004年，第17页。

② 张福建：《参与和公民精神的养成：密尔（J. S. Mill）〈代议政府论〉的一种解读》，载《东吴政治学报》2005年第21期。[英]J. S. 密尔：《代议制政府》，汪瑄译，北京：商务印书馆，1997年，第54～55页。

③ 林国明、陈东升：《公民会议与审议式民主：全民健保的公民参与经验》，载《台湾社会学》2003年第6期。

第三章 协商民主的制度设计与实践

协商民主的理念虽好，但是如果不能设计出符合协商民主理念的制度，也就不能在实践中解决可行性的问题，那么协商民主也仅仅是一种理想而已。协商民主已经从规范性的论述走向具体的制度落实，主要有共识会议、协商式民意调查、公民陪审团、愿景工作坊和协商日等多种制度设计，这些协商式制度设计(deliberative designs)不同于传统的公共参与形式，它将公共政策的讨论扩展到普通公民参与的范围[①]，并且这些制度形式已经在很多国家得到了实践，甚至欧盟也把其作为解决"民主赤字"的重要手段。[②]那么，这些协商民主制度设计的具体内容是什么？它们是怎样运作的？下面就对共识会议等五种形式的具体内容和运作程序进行探讨。

---

① [澳]卡罗琳·亨德里克斯:《公民社会与协商民主》，郝文杰、许星剑译，载陈家刚选编:《协商民主》，上海:上海三联书店，2004年，第134页。

② 卢倩仪:《审议式超国家主义》，载《问题与研究》2004年第6期。如欧盟在2007年和2009年，从27个欧盟国家中随机抽取的362个公民用23种不同语言进行协商式民意调查，议题包括提高退休年龄、土耳其和乌克兰加入欧盟等。2009年6月，从欧盟27个国家中科学抽样选出公民代表，用21种语言协商即将到来的欧洲议会选举。有关欧盟协商民主实践的情况，斯坦福大学协商民主研究中心汇集了有关资料。(http://cdd.stanford.edu/polls/eu/.访问日期:2014年5月20日)

第一节　协商民主的五种制度设计

一、共识会议(Consensus Conference)[①]

(一)什么是共识会议

共识会议也称"公民会议"(Citizens Conference),它起源于20世纪80年代中期丹麦实行的公民参与科技领域决策的模式,被认为是落实协商民主理念的一种基本制度。从传统的观点看,科技领域的决策是专家的"自留地",普通公民由于"无知"而被排除在科技决策的过程外。但是随着科技的发展,科技决策牵涉到越来越多的伦理和社会风险等问题,需要引入公民参与。一方面是因为这些问题,不再是仅仅运用科学技术就能解决的,专家无法因为其知识就享有优先地位;另一方面是因为受到科技决策影响的公民,根据"主权在民"的原则,有权利参与科技决策造成的伦理和社会风险等问题的评估与决定。丹麦非常重视科技决策中的公民参与,法律规定只要是有关伦理与社会议题的科技决策,必须要咨询公民的意见,让公民有机会表达意见。[②] 1987年成立的隶属于国会的科技委员会(Board of Technology),负责评估科技决策对公民的影响,鼓励公民对科技议题的参与讨论,共识会议就是重要的参与机制。这种"丹麦风格"的公民参与模式蕴含着的协

---

① 关于共识会议,主要参考以下文献和网站:Carolyn M. Hendriks. "Consensus Conferences and Planning Cells—Lay Citizen Deliberations," in John Gastil and Peter Levine (eds.), *The Deliberative Democracy Handbook: Strategies for Effective Civic Engagement in the Twenty-First Century*. San Francisco: Jossey-Bass, June 2005, pp. 80-110. The Consensus Conference: http://www.tekno.dk/subpage.php3? article=468&toppic=kategori12&language=uk(2014年5月20日); Citizen Conferences: http://participedia.net/en/methods/citizen-conferences(2014年5月20日); Consensus Conference: http://participedia.net/en/methods/consensus-conference(2014年5月20日); Participatory Consensus Conferences: http://participedia.net/en/methods/participatory-consensus-conferences(2014年5月20日).

② Ida-Elisabeth Andersen and Birgit Jaeger. Danish Participatory Models. *Science and Public Policy*, Vol. 26(5), 1999, pp. 331-340.

商民主理念[①],在1990年以后,逐渐推广到其他国家,并在实践中不断改进,目前已成为普通公民参与公共决策讨论的重要形式。

(二)共识会议的运作程序

第一,选择共识会议议题。共识会议的议题应该以注重社会关切、具有适当争议性和需要政府决策回应为原则。议题由主办机构挑选,主办机构可能是官方的,如丹麦的科技委员会;也可能是接受政府委托的民间或学术机构。共识会议议题的范围不可太过宽广,题目过大会使讨论失去焦点;也不能太过狭窄,题目过小会使讨论难以展开;"中等范围"的议题是比较适宜的。当然,议题的范围并不是绝对的,与共识会议的层次有关,如国家、地方和社区的共识会议议题是有区别的。

第二,组成执行委员会。共识会议的议题选定后,由主办机构挑选适当的人员组成执行委员会,负责组织与监督共识会议的进行。执行委员会成员的挑选,要考虑到参与力量的平衡。共识会议所要讨论的议题是社会关心的,又具有争议性,必然会有不同观点的冲突,在讨论的过程中,让相互冲突的观点都能够得到表达。由于执行委员会对参与会议人员的挑选、会议资料的提供、议程的控制等具有重要作用,所以执行委员会的成员应该容纳不同观点的代表,以免造成偏袒,以至于让特定一方的观点支配会议的议程。一般来说,执行委员会成员的组成,通常包括专家学者、企业界代表、非政府组织人员、普通公民和主办机构的计划执行人等。

第三,挑选参与者。执行委员会成立后,一个重要的工作就是挑选参加会议的公民,形成"公民小组"(citizen panel)。主办机构通过公开的途径,在报纸、广播、网络和电视等媒体上刊登广告,说明召开共识会议的目的和讨论主题,招募参加的公民。除在年龄上有限制外(具有选举权资格的年

① 丹麦科技委员会采取的模式分为五大类:第一类是公民咨询会议(Citizen Consultation),包括公民会议(Citizen Conference)、公民高峰会(Citizen Summit)、观点工作坊(Perspective Workshop)、访谈会议(Interview Meeting)和投票会议(Voting Meeting)。第二类是与利益相关者有关的会议(Stakeholder Involvement),包括未来研究(Future Search)、政策训练(Policy Exercise)和愿景工作坊(Scenario Workshop)。第三类是专家分析(Expert Analysis),包括工作团体(Work Groups)、会议与工作坊(Conference & Workshop)和结构性头脑风暴(Structured Brainstorms)。第四类是咨询功能(Advisory Function),包括国会听证(Parliament Hearings)、未来专门小组的讨论(Future Panel)和早起警示与简报(Early Warning and Briefings)。第五类是大众讨论(Public Debate),包括地区讨论(Local Debate Fund)和网络讨论(Debate Products/www)。(参见丹麦科技委员会网站中参与方法的介绍:http://www.tekno.dk/subpage.php3? survey=16&language=uk. 访问日期:2014年5月20日)

龄),所有愿意了解该议题,并持有开放态度参与讨论的公民都可以报名参加。公开招募参与者后,执行委员会根据尽量呈现多元性的原则,从参与者的名单中,根据年龄、性别、教育程度、职业和居住地等特征,随机挑选人员组成参与会议的公民小组。

第四,预备会议。在召开正式共识会议之前,先要召开预备会议,让公民小组的成员进行互动,熟悉他们所要讨论的议题。预备会议通常利用一定的时间来安排课程,由执行委员会选定与讨论议题相关的背景资料,供公民小组成员阅读和讨论。这些背景资料,通常要包括对讨论议题的不同观点。通过阅读与讨论,公民小组对该议题有了一定的了解后,形成他们要在共识会议中讨论和询问的问题。

第五,提出问题与挑选专家小组。公民小组的成员提出他们想要了解的问题,通常包括尽可能多的重要问题。针对公民小组所要了解的问题,执行委员会帮助提供熟悉讨论问题的专家小组名单,但公民小组对专家名单具有最后决定权,可对专家小组名单进行添加或减少。专家小组名单确定后,主办单位要求专家针对公民小组的成员提出的问题,用一般公民能理解的、通俗易懂的语言,准备口头和书面报告。

第六,公共论坛。正式会议召开的形式像个公共论坛,开放给媒体采访,邀请议员和有兴趣的一般公民参加。会议的第一阶段,先由专家针对公民小组事先拟定的问题作出说明,并回答公民小组现场提出的问题。会议的第二阶段,由公民小组对专家小组进行交叉询问,让个别专家进一步阐述他们的观点,也让公民小组成员探究见解差异的争论议题。交叉询问完毕之后,公民小组自行进行讨论,并准备撰写最后的报告。在报告中,公民小组力求对争议性议题得到一致性的见解,但也指出他们无法达成共识的部分。会议的最后阶段,公民小组向专家、听众和媒体公布他们的报告。在报告正式公布之前,专家有机会可以对报告内容澄清误解和修正事实错误的部分,但他们不能影响公民小组所表达的观点。在丹麦等国家,共识会议的结论报告,将送给所有的国会议员作为决策的参考;共识会议的结论报告,通常会引起全国的关注。

在平等、公开、信息透明、相互尊重和主动参与等原则下,共识会议为不同观点和价值立场的沟通和辩论提供了场所。这样的沟通,并不是通过政府官员、专家对公民的单向传播,而是创造一个对话性的公共论坛,让普通公民和专家、政府官员在讨论中获得必要的知识,并在信息公开的基础上,对有重大影响但充满争议的议题,进行充分的讨论,并尽量达成共识。整个共识会议的召开具有信息沟通和教育的效果,普通公民通过参与会议,会逐渐提升参与公共事务的愿望、参与的能力和参与的基本价值,体制内的民主参与与公民社会的建构会产生一种双向的正面互动作用,民主政治的发展与公民社会的发展同步进行,有利于民主的深化与巩固。

二、协商式民意调查(Deliberative Poll)①

(一)什么是协商式民意调查

协商式民意调查是斯坦福大学协商民主研究中心主任费希金(James S. Fishkin)教授首创的一种落实协商民主的制度设计。费希金认为,虽然近年来美国的民主政治朝向更直接的民主方向发展,扩大了公民的直接参与,促进了民主政治追求的平等的价值,但是这种直接参与式的民主妨碍了民主政治所强调的协商,只能算是实现了民主的一部分,一个完整的民主必须要能同时充分满足"平等"和"协商"两个方面。为此,费希金所设计的协商式民意调查的主要目的就在于解决在实践中如何兼顾"平等"与"协商"的两难。

费希金从古雅典公民利用抽签选择法官或立法者的方式中得到启发,认为在现代国家可以采取随机抽样的方式,选取一部分公民作为一个国家的缩影(microcosm),并且让这些公民聚集在一起,面对面相互讨论,这样可以提供给普通公民成为一个理想公民的机会,他们的声音不再是千万人中的微弱声音,而是可以被听到的声音。协商式民意调查是一个实践协商民主的过程,这一过程提供一个讨论的场所,尝试了解在一个信息充分和公民能够审慎思考和互相辩难的理想状况下所呈现的民意。其做法就是:首先,针对某一特定的议题,随机选择参加接受调查的公民;其次,对这些公民进行第一次民调;第三,把受访的公民集合起来,安排政府官员、专家与公民

① 关于协商式民意调查,主要参考了以下文献和网站:黄东益:《审慎思辨民调——研究方法的探讨与可行性评估》,载《民意调查季刊》2000 年第 1 期,第 123～143 页。James S. Fishkin and Cynthia Farrar. "Deliberative Polling—From Experiment to Community Resource," in John Gastil and Peter Levine (eds.), *The Deliberative Democracy Handbook: Strategies for Effective Civic Engagement in the Twenty-First Century*. San Francisco: Jossey-Bass, June 2005, pp. 68-79. James S. Fishkin and Robert C. Luskin. Experimenting with a Democratic Ideal: Deliberative Polling and Public Opinion. *Acta Politica*, Vol. 40(3) 2005, pp. 284-298. Center for Deliberative Democracy: http://cdd.stanford.edu.(访问日期:2014 年 5 月 20 日)

对话，让被调查的公民在具备有关知识的基础上进行审慎和理性的讨论；最后，仍然针对原来的议题对受访的公民重新进行一次民调。

可以说，协商式民意调查结合了美国乡镇会议（town meeting）、准实验设计（quasi-experimental research design）、调查研究方法（survey research）、焦点团体法（focus-groups method）和统计分析（statistical analysis）等多种形式。在实际操作上，协商式民意调查的进行是从母体（社会）中随机抽样选取一群作为社会缩影（microcosm of society）的政治上平等的参与者，使他们能够在满足面对面的条件下进行讨论，从而代表整个社会的协商。协商式民意调查的基本假设是协商的过程可能会影响个人的态度与意见，因此，协商式民意调查的主要目的，就是要确认经过协商之后，参加讨论的公民对相关问题的态度是否有所改变。为了使协商式民意调查达到预定目的，有着严格的程序。

（二）协商式民意调查的运作程序

协商式民意调查的实施过程中每个环节都力求科学，具体有以下五个步骤：第一次民意调查问卷、征集参与者、均衡的信息、小组讨论和大组问答、第二次民意调查问卷和媒体报道。

第一，第一次民意调查问卷。针对选定的议题，从公众中随机抽取有代表性的样本。样本的具体抽取方式要根据议题的性质来确定，既保证每个公民都有同等机会，又要确保民意代表能够客观地代表整体民意；然后对抽中的代表进行问卷调查，此次问卷调查的结果将会与之后的问卷调查结果进行对比，以测量协商前后民意是否发生变化。

第二，征集参与者。从参与第一次民意调查问卷的代表中再随机抽取有代表性的样本来参与协商式民意调查会议和协商之后的问卷调查。样本选定后，邀请参加协商式民意调查，样本的出席率与最后的对比结果密切相关。在其他因素不变的情况下，出席率越高，协商式民意调查的准确度越高。

第三，均衡的信息。在参加讨论之前，参与者会收到与讨论议题相关各种观点均衡的说明材料，客观表明各种观点，任何有倾向性的说明材料会使协商式民意调查失去其意义和价值。为了保证说明材料的均衡性，最好邀请学者、业界人士和第三方专家等对说明材料进行审查。

第四，小组讨论和大组问答。在协商当日，参与者被随机分配到小组中进行讨论，每个小组都有一个主持人，主持人的专业素养影响着协商的质量,因此要提前对主持人进行专业培训;小组讨论后进行大组问答,参与者所在小组在讨论结束后确定想要提出的问题,然后在大组交流中向专家和决策者提问,双方就议题进行协商。

第五,第二次调查民意问卷和媒体报道。协商之后,将进行第二次问卷调查,以获得经过深思熟虑后知情的民意,同时与第一次问卷调查进行对比,以测量民意是否变化;在民意测验后,调查结果将很快由媒体向公众发布。

协商式民意调查是帮助同时获得政治平等与协商的制度设计之一,它提供普通公民面对面讨论和沟通的机会,让他们能够在政治平等的基础上参与对有关议题的协商,其结果具有规范作用,因为那是公民在有机会思考议题的情况下所表达的声音,这种处方式的(prescriptive)而不是预测性的(predictive)结果,其中应该有值得聆听的意见。协商式民意调查的制度设计不但可以应用到美国政治体系中,而且可以运用到世界上任何有意于进行扩大公民参与和协商民主改革计划的国家。

三、公民陪审团(Citizens Jury)①

(一)什么是公民陪审团

1974年,克罗斯比(Ned Crosby)创办了杰斐逊中心,是一个非营利和非政治化的组织,公民陪审团是杰斐逊中心根据美国公民参与刑事和民事案件审判的陪审团制度,创新设计的一种参与公共议题协商的方式。其目的在于通过公民陪审团的形式对某项公共议题参与协商和讨论,得出对问题的判断、结论和建议,提供给决策者,进入政策议程,不但提高公共决策的民主性,同时也起到扩大公民参与和锻炼公民参政能力的作用。

另外,德国武佩特(Wuppertal)大学的彼得·迪耐教授(Peter Dienel)

---

① 关于公民陪审团,主要参考了以下文献和网站:[美]格雷厄姆·史密斯、科琳娜·威尔斯:《公民陪审团与协商民主》,载[南非]毛里西奥·帕瑟林·登特里维斯主编:《作为公共协商的民主——新的视角》,王英津等译,北京:中央编译出版社,2006年,第100～118页。Ned Crosby and Doug Nethercut. "Citizens Juries—Creating a Trustworthy Voice of the People,"in John Gastil and Peter Levine (eds.), *The Deliberative Democracy Handbook: Strategies for Effective Civic Engagement in the Twenty-First Century*. San Francisco: Jossey-Bass, June 2005, pp. 111-119. Graham Smith1 and Corinne Wales. Citizens'Juries and Deliberative Democracy. *Political Studies*, Vol. 48, 2000, pp. 51-65. The Jefferson Center: http://www.jefferson-center.org.(访问日期:2014年5月20日)

所主导的“公民参与和计划方法研究中心”(Research Institute for Citizen Participation and Planning Methods),也发展出类似于公民陪审团的方法。公民陪审团就是由一个委员会创设而成,由委员会选择专家、证人和随机抽选出陪审团成员,促成公民、证人与政治人物之间的对话。公民陪审团的会议和所讨论的议题将对外公布,把政府的政策置于更宽广的社会中。在陪审团进行协商后,他们会产生一份决议或提出建议,并且该决议或建议以公民报告的形式出现。一般情况下,发起公民陪审团的部门会被要求回应,要么根据公民报告的建议行事,要么说明拒绝这一建议的理由。

在公民陪审团活动中,体现了以公民参与协商的结果为导向。虽然整个活动往往会持续 20 周左右,但是真正召开陪审团听证和决议的时间只有 1 周,其余的 19 周用来搜集公民对公共议题的意见和建议。公正性表现在执行过程中,为了保证准确收集公民意见,所有的计划和措施要保证不偏不倚,所有材料从议题设定到报告成册,要字字斟酌,不能有暗示或者不准确的描述。所有的议程安排,只要是进入陪审团听证环节,都要保证客观中立,对意见的正反双方保持公平。委托进行公民陪审团的一方可能是有议题政策制定倾向的,但是杰斐逊中心中立的地位和公平的标准应该保证任何游说团体都不能接触陪审和听证环节。

公民陪审团的人群基础和作用群体都是公众。公民陪审团成员的选择必须符合当地人口结构特征,议题的选择必须尊重社会主流观点。大众性体现在直接和间接两方面,直接作用首先体现在陪审员个人,在经过一周的陪审过程后,陪审团成员会将自己的经历传递给他人;其次是媒体的传播作用,更多的受众会通过电视或者广播了解公共议题。间接作用是通过公共议题政策的协商与制定,其意见书会通过决策者影响政策,最后作用于社会大众。

任何一种形式的陪审团(特别是司法领域)都需要大量证人,而公共议题协商中的陪审团是与本次议题没有利益相关的专家来充当证人,这种专家证人的影响力是专业知识。另外,为了避免陷入“专业化陷阱”,要求陪审团的文化水平必须尽量接近当地社群的一般文化水平,专家们在举证时,也要以大众化、通俗化的方式,而不是用大量专业术语和繁复数据。

(二)公民陪审团的运作程序

第一,准备工作。通常由政府或者其他主办单位选定公共协商的议题,委托给独立的机构来执行,通常是由杰斐逊中心来执行。该独立机构首先建立咨询委员会(Advisory Committee),成员由熟悉议题的专业人士组成。委员会负责提供议程安排、材料准备和不同观点专家的邀请等重要事项。为了能找到充分代表人口特征的陪审团成员,独立机构确定人口学意义上的变量,群体人口的特性需要得到精准反映,如有六个变量需要注意:年龄、教育程度、性别、居住地、民族和受访者对议题的不同态度。严格的科学抽样会在一定程度上解决公共议题协商中代表性不足的问题。在这个阶段,主办单位、独立机构和被邀请的公民必须签订协议,要求主办单位提供一定的酬劳给公民陪审团成员,并且要求主办单位在一定时间内对公民陪审团的讨论结果有所响应。

第二,进行讨论。抽样选出的公民,针对选定的公共议题进行4～5天的讨论。第一天,主办单位将讨论的议题列出多项子议题,陪审团成员在听取不同观点的专家分析和政府官员提供的制定相关政策依据后,询问有关问题,让成员对议题有深思熟虑的时间。第二天和第三天,陪审团成员将被安排与议题相关的公民、政策利益相关者、专家与政府代表讨论该议题对经济、环境与社会等层面的影响,在相互质疑和辩难的过程中寻求问题的核心价值和解决之道。在讨论的过程中,对不同的利益相关者进行交叉询问,必要时可再度邀请专家或利益相关者厘清问题,当觉得他们难以信任时,也可以邀请新的专家或利益相关者。

第三,达成共识与结论。在最后一天的会议讨论中,陪审团成员在深入讨论各项子议题后,看看能否对有关问题达成共识,并对问题提出相关的建议,最后形成书面报告,由承办的独立机构呈交给主办单位,虽然公民陪审团提出的建议并不具法定约束力,但主办单位必须对陪审团的报告有所响应。

四、愿景工作坊(Scenario Workshop)[①]

(一)什么是愿景工作坊

愿景工作坊是由丹麦创新的一种具有协商民主理念的制度设计。“愿

---

① 关于愿景工作坊,主要参考了以下文献和网站:Ida-Elisabeth Andersen and Birgit Jaeger. Scenario Workshops and Urban Planning in Denmark. *Participatory Learning and Action*, 2001, Vol. 40. Scenario Workshop: http://participedia. net/en/methods/scenario-workshop(访问日期:2014年5月20日);Workshop Methods: http://www. tekno. dk/subpage. php3? article = 1235&toppic=kategori12&language=uk#scenario.(访问日期:2014年5月20日)

景”是对未来可能发生的问题的描述，强调事件以及事件的解决方案/决策。“工作坊”则是达成愿景的途径，政府官员、专家学者、利益团体和普通公民作为参与者聚集在一起，通过对话、协商来确定行动方向，并拟定共同方案。因为在多元化的社会中，对一些问题，人们会因为价值和利益的差异，对于什么才是最佳方案的看法不一甚至陷入冲突的僵局。因此，愿景工作坊要求政府官员、专家学者、利益团体和普通公民针对共同面对的问题，通过讨论、质疑和协商的方式来拟定共同的愿景，并寻求解决问题的方案。通过“愿景”和“工作坊”的结合，围绕着愿景批评、愿景展望和行动计划三个方面，通过一系列的全体会议和小组会议，创造一个对话的空间，其核心是促进不同参与者之间的对话、协商，发展出共同行动的愿景来解决问题。

（二）愿景工作坊的运作程序

第一，议题的挑选。愿景工作坊的主题应是当前社会比较关注的政策问题，不同群体对议题具有不同的看法和利益分歧，并没有事先被地方政府作出决策或者拟订方案。这样，才能通过不同群体之间的对话，对政策问题产生新的认知。

第二，选择参与者。正确地选择参与者是愿景工作坊的重要部分，由于工作坊的目标在于探究不同群体对问题的观点，所以必须考虑到社会区域结构和与议题有关的主要利益相关者，一般有四个群体，即公民（社会）、政治家（决策者）、商业代表（利益团体）和对议题熟知的专家学者。愿景工作坊通常由25～30人组成，可以根据问题的重要程度、严肃程度与规模大小来调整参与者的数量。愿景工作坊要求确保参与者的多样性，同时又要保证协商是有成效的。所以选择合适的参与者非常耗时，经常提前几个月就开始准备。

第三，前期愿景设计。在工作坊开始之前，必须先拟定一系列的愿景，描述解决问题的不同选择方案。由于不同的愿景设计体现了对问题的不同态度、方向和价值等，所以愿景是由专家设计的，他们对议题设计出不同的愿景描述。之后参与者被分为不同的愿景小组，每个小组分析一种愿景，其目的是为参与者在工作坊实施阶段的会议上更好地进行协商与讨论。

第四，角色扮演和愿景建构。参与者将依据公民、决策者、学者专家和利益团体进行分组，由小组对方案进行讨论、质疑和批判，并提出有关议题的愿景，然后在全体会议中，报告各组的愿景，由全体成员对各组的愿景进行讨论。讨论的焦点在于：哪些愿景是可行的？哪些愿景是较难施行的？

各组愿景的共同点是什么样的?差异又是怎样的?会议后归纳各组愿景的共同要点,作为下阶段讨论的基础。

第五,提出和选择行动方案。参与者根据主题分成几个小组,针对如何实现共同的愿景进行讨论。在每个小组讨论中,先由每个人提出行动方案,说明这些方案的重要性。然后对各个行动方案进行投票,投票后选出该组的前五个方案,向全体大会报告。在全体会议中,针对几个主题小组所提出的方案进行排序,由各小组进行报告后,评估其可行性并进行投票表决。

第六,形成共同的行动方案和公布结论。参与者对得分前5名的方案进行讨论。讨论的重点在于:这些想法是否可行?有什么机会和方法使这些想法可行?如何制定出具体的行动方案作为政策建议?通过讨论,形成共识,以形成实现愿景的行动计划。将愿景工作坊获得的结论,包括共同的愿景与行动方案,向政府相关单位、大众和媒体报告,提供决策参考。

愿景工作坊体现了协商民主理念的特点,不同群体之间通过协商、对话和讨论,凝聚了共识,使得不同的价值与利益都尽可能得到平等考虑,增强了愿景建构中"社会输入"的能力,这不但有助于社会层面对决策问题的认知和强化政府、社会和不同社会群体之间的沟通、互信与合作,还有助于构建一个符合社会共同理想的愿景。

五、协商日(Deliberative Day)①

(一)什么是协商日

协商日是由耶鲁大学法学院阿克曼(Bruce Ackerman)教授和斯坦福大学协商民主研究中心主任费希金教授提出的。他们根据以前的协商式民意调查的实证结果认为,一般公民在特定的制度设计下,非常乐意扮演积极的公民角色,只是现有的制度安排限制了公民作用的发挥。他们希望通过协商日的设计把协商民主的理念融入到正式的政治过程,以改变当前竞争式民主的弊端,即不断萎缩的公共参与、媒体所主导的民意政治以及由选举公关公司与民调专家所操控的竞选过程等。

协商日的具体运作是由政府专门成立的单位负责,在美国全国性选举

---

① 关于协商日,主要参考了以下文献:[美]阿克曼、费希金:《审议日》,袁贺译,载谈火生编:《审议民主》,南京:江苏人民出版社,2007年,第124～145页。黄东益:《审议日:治理的乌托邦或务实的民主创新工程?》,载《公共行政学报》2006年第18期。Bruce Ackerman and James S. Fishkin. Deliberation Day. *Public Opinion Quarterly*, Vol. 68(4), 2004, pp. 641-650.

之前的两天假期中，由政府邀请公民参与公共协商活动。为了避免妨碍工商活动和一般人民生活，设计者选定在美国的总统节（the President Day）[①]，让全国的公民在投票前进行全国重要议题的讨论。公民可自由报名参与协商日的活动。为了让弱势族群有机会参加，参与者将可以获得政府所提供的150美金出席费。[②] 当天参与的公民就近到主办单位所安排的学校或机关报到，进行一天的讨论。

（二）协商日的运作程序

第一，观看电视辩论会。主办单位安排参与的公民观看两党候选人的电视政见辩论会。不同于专家天南地北提问的传统竞选辩论方式，而是会前两党候选人各自挑选两个当前国家面临的最重要的议题，作为辩论的主题。然后交给由全国随机选出的500名公民，进行小组讨论以形成辩论的问题。

第二，分组讨论。在辩论的过程中询问两党的候选人，从中了解两党主要政策的差异。参与协商的公民在观看全国性的电视辩论会后，紧接着随机分组，进行面对面的分组讨论。在分组讨论中，地方公民针对候选人电视辩论未厘清的有关议题，形成在随后地方辩论会中将要探讨的问题。

第三，地方辩论会。分组讨论之后，接着是地方辩论会。地方辩论会是由当地不同政党的地方领袖，代表该政党回答公民在小组讨论中所形成的问题。经过两轮的分组讨论和地方面对面的辩论会后，由公民进行最后的小组讨论。但是，最后的小组讨论，并非以达成共识或投票表决等结果为目的，而是分享彼此之间的观点，以及讨论在辩论会中未被解答的公共议题。

虽然，协商日没办法彻底解决西方自由民主政治存在的问题，但是阿克曼和费希金教授认为，协商日为一般公民的制度化参与提供了渠道，通过公

---

① 总统日也称“总统纪念日”，起源于纪念华盛顿诞辰，是美国的法定节日，定在每年二月的第三个星期一。阿克曼和费希金批判现在美国总统日的意义已经丧失，多数公民在总统日假期中，选择休息、购物或其他娱乐方式度过，节日被过度地商业化，早已失去原来的意义。因此，他们认为可以把总统日由现在的二月改到总统选举之前的月份，作为一般公民能为美国民主作出公民的义务，以此唤醒公民对来之不易的民主的重视，同时重新赋予总统日一个更具有民主内涵的意义。

② 他们通过公民资格的政治经济学（political economy of citizenship）分析给予参与者每人150美金的必要性。因为这样除了能提高出席率之外，还可以让弱势群体有参与的机会，打破中产阶级、较高教育程度和较高收入公民的主导地位。有人质疑这种花费，但是阿克曼和费希金认为可以从两个角度证明这一支出的合法性：一是协商日为资金分配的格局提供了新的民主合法性；二是协商日有助于改进当前民主理论和实践中存在的一些弱点。（参见阿克曼、费希金：《审议日》，袁贺译，载谈火生编：《审议民主》，南京：江苏人民出版社，2007年，第141页）

共协商重新塑造了当前的政治运作过程:避免公民在作判断时,过度依赖政治精英所提供的信息;弱化特殊利益团体和一般民调对政策的影响;提高公民对于政治的关心和效能感;强化不同观点间的沟通;增加公民对竞选议题的了解等等。这种创新理念和具体的制度设计,对于从事民主改革的实务推动者、公共咨询的公共管理者,具有重大的启发作用。

第二节 协商民主的实践案例

一、共识会议的实践案例

(一)共识会议实践的概况

共识会议作为一种协商民主的制度设计,强调一般公民具备能力对争议的议题进行知情和理性的讨论,在真诚沟通的基础上形成共识,很多国家进行了共识会议的实践(见表 3-1)。①

表 3-1 共识会议实践的国家地区及议题

年份	议题类型
1987	丹麦:工业和农业中的基因技术
1989	丹麦:人类基因组图谱;食品辐射
1990	丹麦:大气污染
1991	丹麦:教育技术
1992	丹麦:转基因动物
1993	丹麦:私人汽车的未来;不孕问题 荷兰:转基因动物
1994	英国:转基因食品 丹麦:电子身份证;交通运输中的信息技术;农业综合性生产
1995	丹麦:食品和环境中的化学物品设限;基因治疗 荷兰:人类遗传学研究

① 关于共识会议实践案例的统计,参见 http://www.loka.org/TrackingConsensus.html.(访问日期:2014 年 5 月 29 日)

续表

年份	议题类型
1996	丹麦:未来渔业 新西兰:植物生物技术 挪威:转基因食品
1997	丹麦:消费与环境;远程办公 奥地利:高层大气中的臭氧问题 美国:电信和民主的未来
1998	韩国:转基因食品的安全性与伦理 加拿大:大学中的强制性笔记本电脑 丹麦:公民粮食政策;食品辐射 法国:转基因食品 日本:基因治疗 瑞士:国家电力政策
1999	澳大利亚:食物链中的基因技术 英国:放射性废物管理 加拿大:麦克马斯特的在线教育政策;食品生物技术 巴西:转基因食品 丹麦:转基因食品 日本:高信息化社会 新西兰:植物生物技术Ⅱ;生物防治 瑞士:基因工程和食品 韩国:克隆
2000	以色列:未来运输 丹麦:噪声与技术;电子监测 阿根廷:转基因食品 加拿大:都市固体废物管理 日本:转基因食品 挪威:疗养院的智能住宅计划 瑞士:移植医学

续表

年份	议题类型
2001	阿根廷:人类基因组计划 德国:基因检测 比利时:空间规划;流动性和可持续发展
2002	丹麦:基因测试 美国:转基因食品 津巴布韦:知识和小农参与
2003	丹麦:环境价值分配 奥地利:遗传数据 比利时:基因治疗;转基因食品;转基因作物
2004	澳大利亚:纳米技术
2005	英国:纳米技术 澳大利亚:纳米技术 美国:奈米科技
2006	加拿大:氟化物 美国:生物监测
2007	欧盟:脑科学;公民陪审团
2008	美国:人力资源提升;身份和生物学

(二)共识会议实践的典型案例

1.美国新墨西哥州交通运输共识会议[①]

新墨西哥州超过90%的公民每天都驾驶汽车作为出行方式,交通运输是新墨西哥的关键一环。不幸的是,由于经济衰退,国家提供的交通预算经费逐年下降,到2009年,在预算减少的情况下,美国政府提供的预算要作为未来29年的交通运输经费。新墨西哥州交通部为了更好地满足公民的交通需求,决定借助共识会议的方式,来协商如何分配一定比重的预算给更合适的地区,2007～2008年新墨西哥共识会议是要把公民的建议纳入到政府提出的2030年交通运输的目标中,让新墨西哥州公民能够参与协商和制定

① 关于这次共识会议在美国新墨西哥州的实践,参见 http://www.participedia.net/en/cases/20072008-new-mexico-citizen-conferences-0.(访问日期:2014年5月29日)

新的政策建议。

这次共识会议由8～10名成年公民组成，他们分别代表了新墨西哥州不同的区域和人口特征，被随机选择的公民被称为公民顾问。专家小组由交通运输部和公共政策学院共同挑选的具备丰富的交通运输行业专业知识的代表。主持人是由公共政策学院负责挑选，以确保所有的看法和争论在协商时被提及，并且防止公民偏离讨论主题。

参与的公民首先通过阅读手册了解协商活动的目的，询问专家组成员和其他代表关于目前新墨西哥州的交通状况和可能存在的问题，之后通过三个小时的时间来编制一份建议并提供给公众和媒体。在协商过程中，主持人鼓励公民考虑所有提出的意见，但更需要把注意力集中在那些可以使更多公众受益的建议上。协商结束后，准备一份正式建议草案，建议被宣布后，预留有30分钟的访谈和非正式讨论时间。

这次新墨西哥州共识会议提出的建议主要包括四类：公路、公路基础设施和具体道路规划；安全问题；替代模式；进程和资金问题（见表3-2）。

表3-2　　新墨西哥州共识会议提出的重点建议与政策

共识会议的重点建议	具体实施政策
A. 公路、公路基础设施以及具体道路规划	提高道路标示线，标示牌，夜间能见度 利用智能信息系统引导司机 在拥挤地区优化交通流 探讨如何提高路面寿命等
B. 安全问题	修订改造影响安全的法律 提高施工区安全和交通流疏散 在休息区安装电话亭，提高道路应急电话服务 在特殊事件发生时，建立紧急通道等
C. 替代模式	促进公共交通使用 发展和完善农村和城市的自行车路线和人行道 考虑铁路货运系统的整体架构 建立和提升与一些地区相连接的高架环轨系统等
D. 进程和资金	增加交通部门的收入来满足交通运输需求 完善运输计划项目的拨款准则 设计基于科学决策方法上的优先发展项目等

以上共识会议中的建议由参与的公民决定,并在会议结束的时候向媒体和任何相关或感兴趣的公民宣布,这些建议公众可以通过互联网了解。

这次共识会议的建议凝聚了参与公民的共识,为决策者提供了他们从专家那里无法得到的公众意愿,决策者可以更清楚地知道什么是最重要的问题。这次共识会议对交通运输部门的预算产生巨大的影响,参与公民在共识会议过程中具有相当大的力量,他们所提出的建议被纳入到新墨西哥"2030 多式联运计划",而这个计划很大程度上概述了交通运输部门的未来政策,促进公民享有更为广泛合适的交通运输选择,进一步提升公民满意度与生活质量。

当 1996 年共识会议第一次在新墨西哥举行时,学者担心这些会议对政策和公共官员的最终影响结果。因为共识会议不是与选举相连接的,并没有制度保障对官员施加足够的压力和影响。但在这次会议的实践中,公民的政策建议被直接纳入新墨西哥"2030 多式联运计划"中。因为共识会议的协商方式允许公民分享各自的观点,用公开的形式反映所讨论的公共议题,这样也往往会使会议的结论引起媒体和公众的广泛关注,对决策者形成一定的压力和影响。

2. 日本转基因食品共识会议①

2000 年,日本农林渔业部门在东京组织了转基因食品的共识会议。据统计,日本只能够产出满足其国民需求 40%的食物,其他均依赖进口。2003 年数据显示,75%的大豆从美国进口,其中 80%是转基因产品;80%的油菜从加拿大进口,其中 70%是转基因产品。所以,日本可能是世界上最大的转基因食品进口商。但是,对日本消费者的调查发现,70%～80%的人不愿意购买转基因食品,担心转基因食品将对健康和环境产生不可预知的危害。因此,对于日本而言,转基因食品的巨大进口与公众的反抗之间形成了难以调和的矛盾。本次共识会议就是针对这个话题展开协商与讨论,其目的是在公民、专家和政府官员之间进行公开的对话,探讨转基因食品的解决之道。

在选定会议议题后,主办方通过报纸广告和传单等多种方式,在全国范围招募志愿参与者。在 500 个递交申请的候选人中,主办方根据其地域、性别、年龄和职业等信息,挑选出 18 人作为公民小组的成员。

---

① 关于这次共识会议在日本的实践,参见 http://www.participedia.net/en/methods/japanese-consensus-conference-genetically-modified-crops.(访问日期:2014 年 5 月 29 日)

公民小组选定后，主办方于2000年10月和11月连续两个周末举行了预备会议。各个领域的专家代表被邀参会，提出他们关于转基因食品的观点和建议。这个过程是公开的，公众可以通过报纸了解其进程(但没有通过电视进行全方位直播)。政府官员与生物科技产业的代表可以在整个过程中提出证词。主办方和这次共识会议的指导委员会对“转基因技术和转基因食品”这一问题始终持中立的态度。

正式会议历时三天，并对公众和媒体开放，整个协商过程是透明的。在进行了专家小组听证和各方听证后，小组经过几天的协商和讨论，作出最终决定，并将相关建议提交给政府农林渔业部门，由农林渔业部门组织其他会议来确定未来的研究课题。政府并没有承诺一定会对会议提出的建议有所行动，但表示，针对共识会议公民小组的建议，我们可能会在公共政策中有所反映。

从这次共识会议看，政府允许普通公民参与到协商过程中来，使得公民感受到政策过程的公开性和开放性。在公民看来，政府通过这种形式作出的决策更趋向于代表公民的最佳利益。当公民参与协商并与政府沟通交流时，他们将具有更多的发言权，并且将对政府和企业产生压力，从而使得政府和企业更为自愿地执行符合公民意愿的政策，如在食品的外包装贴上警告的标签。

这次共识会议是由政府机构(农林渔业部门)主办的，还包括大型生物技术公司的成员，由于利益冲突等原因，其中立程度受到质疑，并且专家小组的名单是指导委员会决定的，如果公民小组具有选择专家的权力，会使得其对决策的参与更具深度和广度，而共识会议也可能会有一个不同的结果。有评论称:“组织者的中立性和问责制是至关重要的程序保证。”会议结束后，被采访的公民小组成员称，在会议过程中，他们以非常谨慎的态度发表观点，因为担心会影响到政府以后的公共讨论，并且也不愿意与政府发生冲突，这会使“共识”结论的有效性打了折扣。尽管主办方最初的想法是将协商的结论纳入决策，但最终由于种种原因，并未纳入决策中，也就是说，政策并未因协商而改变。尽管这次共识会议实践存在问题，但的确让公民直接参与了政策的讨论，体现了民主、公正与公开，具有积极的意义。

(三)共识会议实践的评价

与传统的专家政策建议的模式相反，这种共识会议彰显了更多的民主和平等，让外行公民扮演了关键性角色。① 在共识会议中，非专家的普通公众同样具备表达意见的权力，并通过多元立场和价值观的碰撞，促进决策的科学性和主流“共识”的产生，从而获得运行过程中公众的广泛支持。共识会议对于建构民主政治具有十分积极的意义，使得普通民众的意识和价值对决策结果产生重要的影响；而共识会议长效机制的确立，能够使普通民众更加积极地参与政治，打破目前政治精英与专家垄断政策制定的情形。共识会议虽然并不能保证对有关决策都产生直接影响，但间接影响也同样重要。它为决策者提供了一个了解公众声音的机会，使决策者知道并了解对于某一政策议题什么是公众最关心的方面，公众的意见是什么。

共识会议模式也存在一些问题和缺陷，诸如过度强调公众参与往往会造成时间及金钱的浪费，可能会降低政府的行政效率。如有的学者曾提出：“共识会议至少存在以下四个重要问题：过早达成共识：存在着没有进行充分的讨论而过早达成共识的可能；虚假共识：有对参与者实行限制而达成共识的可能；由不合适的参与者达成的共识：有理应加入的参与者并未参与而达成共识的可能；暂时的共识：只在某一时间和地点达成的暂时性的共识，随着影响因素、价值观、知识等发生变化，这种共识有可能丧失合理性。”② 这是共识会议运行过程中有可能出现的问题，只能在实践中摸索减少这些问题的对策。整体而言，共识会议创造了一个公众与专家间以及不同观点和价值立场间，在公共论坛中相互沟通和辩论的机会，使各自的偏好或立场得以公开地显现并被公开地协商，并通过协商过程调整立场和偏好的转换，在理性的基础上达成共识。

二、协商式民意调查的实践案例

（一）协商式民意调查实践的概况

协商式民意调查的实践非常广泛，可以在国家层面，也可以在地方层面；可以对国家安全、经济和外交政策进行调查与协商，也可以对当地某一具体设施（如体育馆）的使用安排进行调查与协商；可以通过面对面的形式，也可以通过互

① Edna F. Einsiedel and Deborah L. Eastlickc. Consensus Conferences as Deliberative Democracy: A Communications Perspective. *Science Communication*, Vol. 21(4), pp. 323-343.

② 刘兵、江洋：《对共识会议之“共识”的反思》，载中国科普研究所编：《中国科普理论与实践探索——2010科普理论国际论坛暨第十七届全国科普理论研讨会论文案》，北京：科学普及出版社，2010年，第133～138页。

联网的形式。英国1994年最先采用协商式民意调查对“犯罪政策”的相关议题进行实践,初步统计,截至2013年,在全球已经大约有18个国家或地区进行了70多次的实践,包括美国、中国、日本、韩国、波兰、丹麦、澳大利亚、保加利亚和欧盟等,议题包括民族政策、能源政策、住房问题、就业问题、地方治理改革、公共建设项目、医疗保健和食品安全等各个方面(见表3-3)。[①]

表3-3　协商式民意调查实践的国家(或地区)及所选议题(1994～2013)

<table>
<tr><th>年代</th><th>国家(或地区):议题</th><th>年代</th><th>国家(或地区):议题</th></tr>
<tr><td>1994</td><td>·英国(N):犯罪</td><td rowspan="5">2007</td><td rowspan="5">·美国—互联网(N):公民权
·佛蒙特州(S):能源
·美国州立大学与学院协会项目:多个议题
·欧盟:欧洲的未来
·北爱尔兰(C):教育
·意大利(C):移民</td></tr>
<tr><td>1995</td><td>·英国(N):教育</td></tr>
<tr><td>1996</td><td>·得克萨斯州(多个城市):公共事业
·英国(N):君主政体</td></tr>
<tr><td>1997</td><td>·英国(N):大选</td></tr>
<tr><td>1998</td><td>·英国(N):国民健康保险制度</td></tr>
<tr><td>1999</td><td>·得克萨斯州(多个城市):公共事业
·澳大利亚(N):公投</td><td rowspan="2">2008</td><td rowspan="2">·加利福尼亚州(C):圣马特奥市的住房
·匈牙利(C):失业
·中国(T):地方预算</td></tr>
<tr><td>2000</td><td>·丹麦(N):欧元</td></tr>
<tr><td>2001</td><td>·澳大利亚(N):土著居民
·得克萨斯州(多个城市):公共事业</td><td rowspan="3">2009</td><td rowspan="3">·密歇根州(S):困难时期的艰难选择
·欧盟:气候变化、移民
·巴西(S):公务员改革
·阿根廷(C):运输、交通
·波兰(C):欧洲杯体育馆的使用
·日本(C):道州制</td></tr>
<tr><td>2002</td><td>·康涅狄格州(C):公共事业
·保加利亚(N):法律实施</td></tr>
<tr><td>2003</td><td>·美国—互联网(N):对外政策
·内布拉斯加州(N):公共事业
·美国(N):对外政策</td></tr>
<tr><td>2004</td><td>·美国—互联网(N):1月初选和10月大选
·美国—10个城市:初选
·新斯科舍省(P):能源</td><td>2010</td><td>·英国(N):政治改革
·日本(C):藤泽市的未来</td></tr>
</table>

① 关于协商式民意调查实践案例的统计,参见 Deliberative Polling: Timeline. http://cdd.stanford.edu/polls/docs/flyers/DP-timeline.pdf.(访问日期:2014年5月29日)

续表

年代	国家(或地区):议题	年代	国家(或地区):议题
2005	·美国—互联网(N):健康教育 ·美国—17个城市:健康教育 ·加利福尼亚州:经济和国家安全 ·中国(T):基础设施	2011	·加利福尼亚州(S):税收、州和地方关系、提案程序、立法改革 ·韩国(C):南北关系 ·日本(C):食品安全 ·日本(N):退休金制度 ·澳门(R):《出版法》和《视听广播法》
2006	·保加利亚(N):罗姆人 ·泰国(C):医疗保健 ·意大利(R):医疗保健 ·希腊(C):选举候选人	2012	·日本(N):能源政策 ·美国—互联网(N):医疗保健
		2013	·巴西(C):预算

注:N表示国家,C表示城市,T表示乡镇,P表示省,S表示州,R表示区。

协商式民意调查实践最多的国家是美国,有两个重要项目的实践:民治项目(By the People)和美国民主发展计划(ADP)。前者始于2002年,是斯坦福协商民主研究中心与MacNeil/Lehrer公司合作建立的,就21世纪美国面临的对外政策、医疗保险、教育和公民意识等问题展开了一系列的协商式民意调查,旨在将知情民众的意见纳入到国家重要议题的讨论中;后者始于2003年,是美国州立大学与学院协会与纽约时报合作建立的,在协会的学校中,每个学校派1~2名代表参与协商式民意调查,旨在为未来培育知情、参与的公民。美国还有一些州或地方政府的实践,如针对能源选择议题,佛蒙特州、内布拉斯加州、得克萨斯州(8个城市)进行了协商式民意调查。此外,中国浙江温岭针对地方政府财政预算问题、韩国针对南北关系问题、阿根廷针对交通问题、匈牙利针对失业问题、澳大利亚针对土著居民与非土著居民和解问题等,都展开了科学有效的协商式民意调查。这些协商式民意调查案例,进一步推动了协商式民意调查在全球的实践。

(二)协商式民意调查实践的典型案例

1. 澳门修改《出版法》和《视听广播法》①

① 关于这次协商式民意调查在澳门的实践,参见Deliberative Polling in Macau. http://cdd.stanford.edu/polls/macao/2012/dp-macao-graphic.jpg.(访问日期:2014年5月29日)

澳门颁布《出版法》和《视听广播法》20 余年后，因部分条文引起争议而未能有效实施，尤其是由官方主导成立的出版委员会和《新闻工作者通则》未能在法律规定限期内成立和制定。为了解决争议和业界的担忧，需要对这两个法律是否修改和如何修改进行讨论与协商。澳门引入协商式民意调查，科学收集公众和业界的意见，为下阶段草拟法律文本提供参考。澳门特别行政区政府新闻局委托四个团队来进行此次协商式民意调查：易研方案（澳门）有限公司、美国斯坦福大学协商民主中心、葡萄牙里斯本大学社会科学学院社会学研究中心和香港浸会大学传理学院。

2011 年 12 月 4 日，277 名市民代表、29 位新闻界代表、26 位小组主持人、56 位海外观察者、43 位本地观察者、15 位本地媒体记者、231 位研究和工作人员参与了这次的协商式民意调查。调查分为五步：一是第一次问卷调查。首次电话调查，随机访问了 2036 位市民；通过各种渠道收集到 373 名澳门本地传媒工作者名单，随机抽取并成功访问了当中的 67 位。二是随机选取并邀请参与者。接受电话调查的受访者中，最终 277 位市民和 29 位传媒工作者接受参与，出席率分别为 86.6%和 96.7%。三是制作并发放“观点均衡的介绍资料”。“观点均衡的介绍资料”由研究团队制作，并由第三方专家、学者和业界人士组成的资料委员会审查，在 10 日前发给参与者。四是第二次问卷调查、小组讨论、大组问答。参与者在 12 月 4 日当天到场时先填写第二次问卷，随后参与小组讨论和大组问答。五是第三次问卷调查。在 12 月 4 日当天所有讨论和问答结束后，参与者在离场时填写第三次问卷。

协商式民意调查的全部过程结束后，市民与业界基本持有相同的立场，多数认为《出版法》和《视听广播法》需要修改，协商后认为需要修改的比例升幅明显（见图 3-1）。

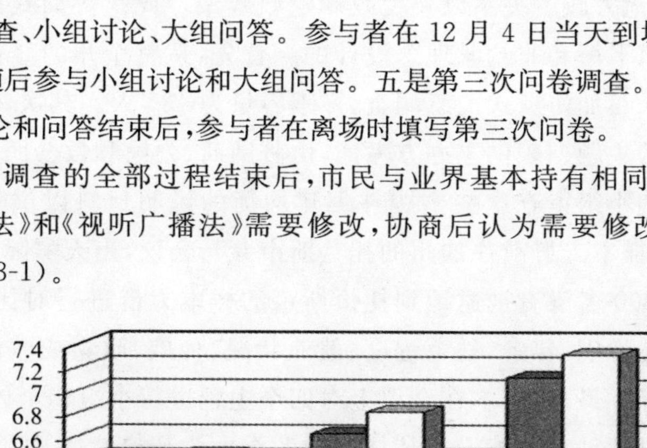

	第一次调查	第二次调查	第三次调查
■ 出版法	6.41	6.63	7.12
□ 视听广播法	6.45	6.82	7.32

图 3-1 《出版法》和《视听广播法》修改意见数据统计

注：本组题目为打分题（0～10 分），0 分为完全不需要，5 分为一般，10 分为非常需要。

这是澳门首次实践协商式民意调查,从参与者的反应看,认为协商式民意调查有诸多益处。一是为公民参与提供了制度化的平台,公民可以通过这一平台理性地表达意见和建议,促进了理性的公共参与。二是将公民纳入决策的议程,有助于提高公民的民主意识和理念,也是一次公民教育的实践。三是不同的社会群体聚集在一起讨论同一个议题,广泛交流,促进了社会沟通。四是协商结果会通过媒体进行传播,提高了民意表达的透明和公开。五是促进了民众和传媒相互间的了解。

2. 加利福尼亚的未来——"What's Next California?"①

美国加利福尼亚州政府面临着前所未有的挑战,很多证据表明该州难以治理的境况:政府财政状况岌岌可危,民主党与共和党僵持不下,政府功能失灵难以发挥作用……为此,加州人付出了昂贵代价:如小学教师不足、高等教育费用增加、低收入家庭儿童医疗锐减、警察预算和消防服务被削减等。这些挑战使加州人意识到改革的重要性,"What's Next California?"是加州运用协商式民意调查进行开放和诚实讨论下一步改革的一种尝试。

2011 年 6 月 24 日,通过科学随机抽选的 412 名注册选民参加第一次全州协商式民意调查,议题是政府治理改革,集中在四个主题:立法、提案程序、州与地方政府关系以及税收和财政政策。此次协商式民意调查整个过程是按照平衡和非党派理念设计的。首先,从整个州的登记选民中随机抽取样本来参加协商式民意调查,样本容量为 435 人。其次,通过深入研究列出潜在的主题列表供主办方考虑,由赞助商、公民和教会团体以及大学等组成的咨询小组审查这些主题并创建均衡的说明材料以供参与者阅读。然后,邀请样本人群前往加州的托兰斯市参与会议,当天实际参与 412 人。与会者与 300 名没有被邀请到托伦斯市的样本人群进行对比,与会者和对照组之间在性别、年龄、教育程度、就业状况、种族、政党或政治理念方面没有明显差异。最后,样本在会议上对四个主题进行小组和全体会议讨论,由主持人提供帮助。主持人是从加州的 5 个大学研究生院中挑选出来的,协商民主研究中心对主持人培训,以便他们能够促进参与者之间的包容性和不影响参与者的意见。

① 关于这次协商式民意调查在加利福尼亚的实践,参见"What's Next California? A California Statewide DELIBERATIVE POLL for California's Future." http://cdd.stanford.edu/polls/california/2011/final/nextca-final-report.pdf.(访问日期:2014 年 5 月 29 日)

调查显示了在知情的情况下,公众会支持哪一类改革以及什么因素会影响其观点。在这次调查中,70%关于政策态度的问题经过协商后有了显著变化。立法改革方面,协商前,参与者对立法机关的效率持怀疑态度,近70%质疑立法机关是否能够做好重要的事,协商后,他们支持立法机构和选举制度的改革以提高立法者的能力。提案程序改革方面,与会者强烈支持提案程序的改革,增加程序透明度,以便于选民能够更好地了解提案结果。州和地方政府关系改革方面,与会者强烈支持加强地方政府地位的改革。税收和财政改革方面,与会者强烈支持增强税收和财政政策的透明度和问责制。

这次协商式民意调查对与议题相关的知识进行测试。在关于"What's Next California?"的调查中,与会者在协商前和协商后回答了同样的知识问题。如在其他协商式民意调查中表明的一样,与会者在协商后获得了明显的知识增长,正确率平均增长了18个百分点。一些问题的正确率增幅甚至更大,如"哪部分预算所占比例最大"的问题正确率从38%增加到74%。知识增长与观点改变的关联性对协商式民意调查结果的合法性来说是十分重要的。

在会议结束后,与会者回答了关于会议评价的问题。如被问到这次协商式民意调查是"浪费时间"还是"具有价值"等问题时,89%认为"极具价值"。91%同意"小组主持人为每一个人都提供了参与讨论的机会",62%同意"主持人努力确保反对意见被纳入考虑",82%认为"简介材料几乎或者完全是均衡的",88%同意"从观点完全不同的人那里学到了很多"。由此可见,与会者对协商式民意调查会议持积极态度。

时代的变革在挑战政府对公共需求的反应能力,这取决于政府在新的环境中作出什么样的决定。在"What's Next California?"协商式民意调查中,不同观点之间的对话显示了其相互的尊重与坦诚。总体而言,此次协商式民意调查的参与者不仅提供了加州接下来几年会进行什么改革的远见,而且提供了加州朝着共同目标努力的巨大潜力。在这次实践中,支持这种实践的人将继续努力使越来越多的公众参与到关于加州未来的讨论中,协商式民意调查的支持者相信公众参与到对话中是加州应对未来挑战必不可少的部分。

(三)对协商式民意调查实践的评价

从上面程序和实践案例看出,协商式民意调查的价值在于反映了公众自己的声音,其优点体现如下:首先,实现了平等和协商的统一。随机抽样给予了每个公民平等参与讨论公共议题的机会;通过小组讨论和大组问答,让参与者得以面对面协商。其次,增加了公众对自身价值和公共治理的信心。通过一个公开透明的过程让公众参与到公共治理中,使公众的意见得以被尊重并有机会被采纳,重塑了公众的信心。最后,体现了知情的民意,有助于协商民主的实现。通过随机抽样与平等协商,将原始的民意转化为知情的民意,得到真正的公众意见,这不是简单地预测民意,而是更多地为公众提供讨论和协商的场所,在信息充分和辩论的理想环境下,了解呈现的知情民意,从而实现协商民主的本义。

当然,协商式民意调查也存在不足,最大的问题是成本过高,将随机抽样的代表聚集起来参加一定时间的协商是费钱费力的,不仅要支付与会者的交通费、住宿费和餐饮费等,还要支付参与会议的费用。另外,与会者为此而推掉其他安排的机会成本也要计算在内。[①] 但是,费希金认为不能简单地用金钱"成本—收益"的视角来看待花费,而应该看到这种花费有助于改进当前民主理论和实践的弱点。[②] 此外,还有一个问题就是协商式民意调查并不适用于所有的政府议题,如危机管理需要及时决策,因此没有时间对这类议题进行协商,其适用性也是有边界的。[③]

三、公民陪审团的实践案例

(一)公民陪审团实践的概况

从 1974 年开始,以美国为例,公民陪审团共进行了 35 次各类实践,主题各不相同,出现次数比较多、议题比较集中的有选举、环境和资源、儿童和教育、预算和财税等问题,占到了所有议题的 70%左右。[④]

选举问题。共进行了 7 次,分别是总统选举(1976)、圣保罗市市长选举

---

① Shanto Iyengar, Robert C. Luskin and James S. Fishkin. "Facilitating Informed Public Opinion: Evidence from Face-to-Face and Online Deliberative Polls," in Annual Meeting of the American Political Science Association, Philadelphia, PA. 2003.

② Bruce Ackerman and James S. Fishkin. Deliberation Day. *Public Opinion Quarterly*. Vol. 68(4),2004,pp. 641-650.

③ James S. Fishkin, Robert C. Luskin and Roger Jowell. Deliberative Polling and Public Consultation. *Parliamentary Affairs*, Vol. 53(4),2000,pp. 657-666.

④ 关于公民陪审团实践案例的统计,参见 Our history: http://jefferson-center.org/who-we-are/our-history/.(访问日期:2014 年 5 月 24 日)

(1989)、明尼苏达州州长选举(1990)、宾夕法尼亚州的参议院选举(1992)、宾夕法尼亚州州长选举(1994)、关于选举改革的讨论(1998)、选举期的民意表达(2009)。由于选举问题可能会改变杰斐逊中心“非政治性”属性,1994年后,杰斐逊中心不再举办此类活动,重点放在与选举不相关的民意表达上。

环境和资源问题。共进行了8次,包括农业、交通、土地、电力和气候等议题,分别是农业对水质的影响(1984)、生猪养殖(1995)、交通拥挤收费(1995)、环境风险比较(1996)、明尼苏达州的电力未来(1997)、达科他郡的土地使用(1997)、地铁固体废物(2001)和全球环境变化(2002)。

儿童和教育问题。共进行了6次,分别是校园诊所(1988)、学校艺术教育(1990)、处于风险中的儿童(1994)、奥罗诺公立学校(1998)、查特菲尔德学区(1999)和幼儿教育(2008)等。儿童和教育是较为集中的议题,主要是学区管理部门与居民就学校的发展和需求进行协商,既有地区性的,也有全国性的。

预算和财税问题。共进行了5次,分别是明尼苏达州预算优先项目(1991)、联邦财政(1993)、国家和地方财政问题(1996)、明尼苏达州的物业税改革(1999)、经济和联邦债务(2012)。财政与债务是公众关注的重点,初期是地区性的,最近一次是以联邦债务和经济问题为议题,这反映了公民陪审团从地区性议题往全国性议题的扩展。

(二)公民陪审团实践的典型案例:明尼苏达州交通拥挤费①

明尼苏达州交通拥挤费的案例有典型意义,这是杰斐逊中心首次被政府部门和议员直接委托来搜集对公共议题的协商,对杰斐逊中心也是一个挑战,因为委托者通常有自己的政策倾向,难免会在意见征集中有自己的偏好。但整个陪审团活动保持了中立性,比较有序,并提出了有益的结论和建议。

1.项目背景

许多大城市通过收取交通拥挤费来引导市民出行方式进而缓解交通压力,同时为交通建设和管理筹集资金。由于明尼苏达州正面临着潜在的交

---

① 关于这次公民陪审团在明尼苏达的实践,参见 Traffic-Congestion-Pricing:http://jefferson-center.org/wp-content/uploads/2012/10/Traffic-Congestion-Pricing.pdf.(访问日期:2014年5月29日)

通拥堵问题,所以政策制定者考虑通过公民陪审团的方式让公民参与这一公共议题的协商。这次委托者包括明尼苏达州交通部门,大都市区议会,明尼苏达大学双城分校汉弗莱公共管理学院等。

2. 专家证人

在这次陪审团活动中,共招募了 19 名证人,有专家学者、机构负责人、前任议员和政府部门工作人员,甚至还有之前项目的陪审员。19 名证人中,有 5 人是中立证人,7 名是支持方的证人,7 名是反对方的证人,双方的比例保持平衡。

3. 陪审员构成

这次陪审员一共 24 人,以保持同类人口在社群中的比例为目标,除包括 6 个人口学变量外,还考虑了两个特殊变量,即是否通勤和居住区域(发达、发展中和欠发达地区)。民族和受教育程度完全符合当地人口特征;性别、年龄和通勤状况基本符合人口特征;居住区域则与当地人口特征有微小差别。陪审员的职业有比较强的代表性,有学生、工人、自由职业者、学者和退休人员等。

4. 议题和议程

在交通拥挤费问题中,陪审团需要解决的议题包括四个方面:首先,在 13 个县市区中,是否存在交通拥堵问题?其次,未来这些区域中是否会有交通拥堵问题?第三,交通建设管理方面是否有资金问题?最后,征收交通拥堵费是否解决交通拥堵问题和为交通建设管理提供持续资金来改善交通状况的有效方法?

首日对陪审团进行了背景介绍,并且进行了第一次中立听证,陪审团倾听了所有中立证人的证言。在之后两天,陪审团的所有听证都是在支持方和反对方证人交替陈述下进行的。第四天,陪审团进行了小组讨论。这个过程中,陪审团在关键议题上出现了意见分歧,其中 8 个人成为支持者,16 个人成为反对者。第五天,陪审团初步拟定了报告。陪审团以 16 比 8 的结果,否决了交通拥挤费这一政策,但是其中 8 个支持者的意见也被收录在报告里,报告中专门单独列有“少数派”的观点。陪审团最后提出了新的替代方案和政策建议。

5. 结论和建议

整个陪审团活动从接受委托到发布报告,持续时间大约 22 周。最终报告首先总结了讨论的过程,其次回答了议题中的问题,最后提出了陪审团的最终意见。

(1)讨论过程。陪审团非常详细记述了听证过程:在第一天听证了关于基本概况的中立陈述;第二、第三天分别进行了正反双方的听证,每天的最后都进行了小组讨论;在第四天,陪审团进行了小组讨论,讨论过程中有工作人员进行观察和记录,分四组对四种可能的收费模式进行了分别讨论,并提出了改进建议,随后进行了全体讨论;最后一天,陪审团拟定了最终报告。

(2)对议题的表决和解释。陪审团的表决认为,目前交通拥堵在明尼苏达州尚不是问题,但在未来有可能成为问题,仅仅通过交通拥堵费的征收来筹集交通建设资金是不可能的。在完成关键议题的表决后,陪审团又解释了不赞成交通拥堵收费政策的原因。在“交通拥堵费是否能有效引导人们出行”的问题上,陪审团基本不赞成这个观点。陪审团还认为,这种收费方式不是增加财税收入的有效政策,而是一种“劫贫济富”的政策。但是陪审团并不担心收的费用会被滥用,也不认为这是一种侵犯公民个人权利的行为。当问及是否赞成进行收费试点时,陪审团普遍表示同意。

(3)政策建议。最终,陪审团以 21∶2、1 票弃权的结果,通过了以下政策建议:征收交通拥堵费这一政策是不合适的,因为征收成本和难度太大。但是一些其他替代性手段是可以采取的,如征收汽油税,但要考虑到乡村能得到与目前比例相同的税收分成;汽油税可以在目前基础上提高 5 美分,在未来 6 年,可以累计提高 15 美分;大都市区的税收分成如下:公共交通运输系统占 60%,改良和修缮道路占 25%,新建道路占 15%;以上政策要坚持 10 年以上;必要的小改动可以接受,但本质性的改变要坚决制止。此外,陪审团还提出了一些原则性建议,如鼓励通勤方式转换、建设更高标准道路和设立专门自行车道等。

6.案例评析

虽然在整个活动中,投票是表达个人判断的一种方式,但投票不是目的和结果。对于投票原因的解释才是最重要的目的,核心公共议题的判断必须有各自的原因解释,所以整个过程中,对公共议题的公平表达是整个活动的核心价值。另外,公平表达也表现在对少数派的态度。简单票决最容易出现多数压制少数的现象,但在公民陪审团的报告中,完整呈现了少数派的观点,这种对少数派的尊重是简单票决无法做到的。

在这次活动中,杰斐逊中心保证了其中立性的立场,不但陪审团所呈现的结论和建议更有价值,另外在整个活动中,对公平、正义和参与价值追求的意义并不亚于提出的结论和建议本身。因此,"公民陪审团"的价值可能不仅仅在于其得出的结论是否真的准确无误,还在于其价值的宣导,让公民感受到责任,政策制定者们真正用心倾听普通民众的呼声和诉求,这才是最值得重视的。

(三)对公民陪审团实践的评价

公民直接参与公共议题的协商兴起于对代议民主制度的反思,由于利益集团的强大和采取控制舆论的方法垄断了社会偏好,普通公众甚至根本无法清楚知道自己的偏好是什么,更谈不上有效的意见表达和公平参与。[①]公民陪审团是西方协商民主落实到制度层面的一种创新方式,其核心是注重公民参与公共议题的协商和公平表达,活动中虽然对议题进行投票,但陪审团无论支持哪一方,都需要提出和明确阐述自己的理由和记入报告;对票数差异不大的问题,需要同时记述双方的观点和理由。同时注重少数派报告也是民意公平表达的体现,在票决中容易出现的"多数压制少数"情况得到缓解。

中立的价值规范和严谨的操作流程是公民陪审团能够受到各方重视并且有效运作近40年的重要原因。科学的抽样保证了参与群体的代表性,陪审活动保证参与者之间的理性协商与讨论,也会使陪审团活动更具有价值和意义,并有利于促进社会正义。[②] 整个过程中,工作人员所担任的角色都有明确限定,对于偏好对陪审团的影响程度和进入陪审程序的渠道也进行了严格限定。

由于公民陪审团的实际操作方是第三方组织,受资金所限,公民陪审团的时间可能不会很长,而当议题专业性强,陪审员专业基础比较差,项目时间又受限的情况下,公民陪审团的判断力就会受到影响。这种缺陷是由操作主体的第三方特性决定的,第三方特性要保持公平、民主和客观的根本属性,这一点不容改变甚至不容偏差,这也会因为第三方缺乏雄厚资金而导致对一些复杂议题不能进行较为有效的陪审和协商。另外,虽然公民陪审团的协商过程具有平民化特点,但公民之间交流和表达能力也存在不平衡,这

---

① Graham Smithl and Corinne Wales. Citizens'Juries and Deliberative Democracy. *Political Studies*, Vol. 48, 2000, pp. 51-65.

② Tom Wakeford. Citizens Juries: A Radical Alternative for Social Research. *Social Research Update*, Vol. 37, 2002. http://sru.soc.surrey.ac.uk/SRU37.html.(访问日期:2014年5月29日)

也会影响整个陪审活动的质量。

四、愿景工作坊的实践案例

(一)愿景工作坊实践的概况

愿景工作坊较大范围和有计划的实践是欧洲意识觉醒愿景工作坊(European Awareness Scenario Workshop, EASW),奥地利、希腊、丹麦、芬兰、荷兰、瑞典、德国、法国、葡萄牙、西班牙、英国和意大利等12个国家在这个项目的指导下开展了本国的实践。欧洲意识觉醒愿景工作坊是欧盟委员会发起的一项活动,采用丹麦科技委员会设计的愿景工作坊这一方法,以推进欧洲社会环境的创新。这次大规模的实践主要发生于20世纪90年代,实践的议题主要集中在城市生态、城市可持续发展、环境、交通、地方发展、能源和规划等方面。与其他协商民主的制度设计相比,愿景工作坊的议题较为单一,大部分议题与城市和城市中的日常生活有关,主要运用在地方和基层(见表3-4)。[①]

(二)愿景工作坊实践的典型案例:普雷斯顿可持续发展的城市生活[②]

在20世纪90年代初期,欧盟委员会对荷兰的义德(Ede)、希腊的科孚岛(Corfu)、英国的普雷斯顿(Preston)和法国的米卢斯(Mulhouse)4个城市,首次进行了愿景工作坊的跨国实践,随后欧洲其他城市也开始实践这种形式。[③] 欧盟委员会希望通过这次实践,考察愿景工作坊作的效果;普雷斯顿也希望借助愿景工作坊将当地不同的群体组织起来,共同探究2010年可持续城市生活的计划与安排。由于普雷斯顿在城市规模(约10万居民)、环境保护意识水平(不是很强,但有环境保护的计划和活动)和举办愿景工作坊的积极性等方面是比较合适的,因而这次实践具有代表性意义。

---

① 有关欧洲觉醒愿景工作坊的实践,参见 http://cordis. europa. eu/easw/src/events. htm.(访问日期:2014年5月29日)

② Penny Street. Scenario Workshops: A Participatory Approach to Sustainable Urban Living? *Futures*, Vol. 29(2), 1997, pp. 139-158.

③ Ida-Elisabeth Andersen and Birgit Jager. Scenario Workshops and Consensus Conferences: Towards More Democratic Decision-making. *Science and Public Policy*, Vol. 26(5), 1999, pp. 331-340.

表 3-4　　欧洲 12 国愿景工作坊实践案例一览表

年代	国家:议题
1994	·希腊:可持续的城市生活
1995	·希腊:环境问题、地方发展 ·芬兰:地方可持续发展 ·瑞典:城市管理 ·法国:社区规划 ·英国:可再生能源 ·意大利:社区规划 ·意大利:环境
1996	·德国:地方可持续 ·西班牙:城市规划 ·西班牙:创新能源政策
1997	·奥地利:土地使用规划、城市生态、可持续发展 ·奥地利:女性与信息技术 ·奥地利:旅游和可持续发展 ·丹麦:未来的污水处理 ·荷兰:交通 ·瑞典:工作与职业 ·葡萄牙:城市复兴 ·西班牙:女性与城市规划参与 ·西班牙:青年人关注环境、就业和城市规划 ·西班牙:地区未来可持续发展 ·西班牙:女性与城市规划参与 ·西班牙:城市环境 ·意大利:可持续发展 ·意大利:交通 ·意大利:环境、可持续发展、生活质量
1998	·法国:环境和可持续发展 ·英国:环境和城市生活 ·西班牙:城市某公共资产的管理 ·西班牙:女性身份和平等 ·意大利:生活方式和生产活动 ·意大利:可持续发展、城市生态
1999	·西班牙:城市发展 ·西班牙:城市可持续发展 ·西班牙:农村地区的未来发展 ·意大利:可持续发展:城区结构、环境、经济和生活质量 ·意大利:公共住房区域的可持续管理 ·意大利:城市发展 ·意大利:城市发展
2000	·意大利:地方发展 ·意大利:交通、工作、社区服务、社会生活 ·意大利:建筑与生态 ·意大利:地方管理和发展 ·意大利:全球化与地方发展 ·意大利:可持续发展 ·意大利:公共住房区域的可持续管理 ·意大利:公共住房区域的可持续管理和维护 ·意大利:防治荒漠化
2001	·意大利:社会与可持续发展 ·意大利:地方发展 ·意大利:资源和环境
2002	·意大利:地区发展 ·意大利:城市未来发展 ·意大利:固体废弃物处理 ·意大利:城市供水 ·意大利:热核聚变实验装置的社会经济影响 ·意大利:地方发展 ·意大利:环境问题和可持续发展

1. 选择参与者

愿景工作坊包括当地四个角色群体的代表,分别是政策制定者、居民、商业代表和专家学者。决策者的代表包括普雷斯顿不同的行政层级的民选官员和公务员;居民代表通过环保团体和志愿组织等来推荐确定;专家学者是根据这次所要讨论的议题来选择；商业代表则来自当地提供公用事业服务的公司。参与者共 24 人，每个角色群体 6 人，实际同意参加的有 22 人，最终参与的有 20 人。

2. 愿景设计

愿景工作坊开始前，参与者收到普雷斯顿未来城市生活的四种愿景描述，即普雷斯顿在 2010 年对能源、水资源、废水、固体废弃物与回收的计划安排。愿景的设计主要从以下问题出发：与可持续发展的城市生活相关的问题将由谁负责？是由地方政府，居民个人还是商业代表的投资来提出解决方法并行动？还是由这些不同主体组合起来负责？同时，在不远的将来，技术能在多大程度上解决水资源、能源和废弃物的问题？这些技术会是以人为本的吗？其先进程度如何？根据以上问题，形成前期的普雷斯顿可持续发展城市生活的愿景设计（见表 3-5）。这四种愿景只是为协商与讨论提供出发点，激发出关于未来愿景的不同展望，并在比较的基础上形成解决环境问题的方案。

表 3-5　　　　前期普雷斯顿可持续发展的愿景设计

愿景 1：信息技术是解决环境问题的方法 这种愿景中，信息技术发挥了突出作用，用电子信息技术来解决大部分的问题，突出个体自发的解决措施，环境问题不出住户家庭就能得到解决。
愿景 2：个体是解决环境问题的关键 这种愿景中，环境问题不依靠信息技术，个体的环保意识发挥了突出作用，居民花大量的时间用来解决环境和能源问题（如回收废弃物等）。
愿景 3：地方政府解决环境问题 这种愿景中，住宅住户所付出的行动最少并有大量的自由时间，大部分的能源和环境问题由地方政府处理，用先进的技术解决问题。
愿景 4：部分居民共同努力解决问题 这种愿景中，虽然技术发挥重要作用，要激发出个体居民之间的合作才是最主要的，但环境问题在何种程度能得到解决是因人合作而异的。

3. 具体实施过程

在开幕式会议上介绍此次愿景工作坊的宗旨，就废弃物、水资源、能源的问题等向参与者作背景信息介绍，播放有关地方环境保护措施的视频，呈现处理环境问题的可行性选择。主要时间用于愿景展望和将愿景转变为现实的行动方案上。

(1)愿景展望。参与者利用第一天的时间来形成自己的愿景,政策制定者、专家学者、居民和私营组织对给定的愿景进行批评和讨论的基础上,形成本组普雷斯顿 2010 年可持续发展城市生活的共同愿景。每个小组在接下来的全体会议上展示其愿景的优势和好处。工作坊的协调者引导四个角色小组讨论各种愿景的共同点和差异,澄清细节,找出四个小组的共同想法,形成普雷斯顿未来城市生活的共同愿景。四个角色群体和整体的愿景展望如表 3-6 所示。

表 3-6　　四个角色群体和整体的愿景展望

<table>
<tr><td>居民组
普雷斯顿在 2010 年应该是一个所有居民都享有良好生活质量的小镇,重点是要提高公众的环境保护意识,所有人都要为环境保护而努力,但地方政府应该带头,信息技术应发挥重要作用。</td><td>决策者组
每个普雷斯顿人应生活在良好的环境中,并有充足的就业机会和优质住房等保障,在环境问题上强调“预防胜于治疗”。</td></tr>
<tr><td>专家学者
应该以一种渐进而非激进的方式改变我们的生活,强调进化而不是革命。要对解决环境问题的激励措施、政治意愿和财政可行性等进行讨论。</td><td>商业代表
要逆转环境的恶化,重点在于改善物理空间的分布和提供社会生活的质量。</td></tr>
<tr><td colspan="2">普雷斯顿可持续生活的整体愿景展望
到 2010 年,普雷斯顿应是一个更具有共同体意识和社会凝聚力的城市,各种社会主体间应有良好的合作关系。居民和商业人员应承担起他们对环境的责任,但由地方政府来引导,政府要负责改善环境的基础设施,要用技术来解决环境问题,但强调更好地利用现有技术而不是进行重大的技术创新。</td></tr>
</table>

(2)主题讨论与行动方案。第二天围绕着愿景如何实现以及由谁承担责任,讨论实现上述整体愿景的不同具体途径。参与者根据四个主题——生活和住房、水资源和废水、固体废弃物和能源,被分为四个主题小组,讨论如何实现整体愿景。主题小组内,成员陈述自己的观点,相互讨论、协商,思考组内提出的所有想法和建议,然后投票选出得票最高的五个行动方案。在随后的全体会议中,每个主题小组对他们的五个得票最高的行动方案进

行陈述、解释，接下来的全体投票环节中，全体参与者就所有20个行动方案投票，选出排名前五的方案以应对普雷斯顿实现可持续发展的城市生活中遇到的挑战。主题小组排名前五和最终前五的行动方案如表3-7所示。

表3-7 主题小组排名前五和最终前五的行动方案

生活和住房主题小组	水资源和废水主题小组
1. 交通运输合理化 2. 市中心生活质量的改进 3. 改进建筑结构(住宅和公共建筑) 4. 共同体，让人们参与当地的议题讨论 5. 绿色化，绿地、开放的空间和无交通工具区域等	1. 督促欧盟建设供水设施，以减少配电损耗 2. 鼓励个体收集和储存雨水 3. 水资源使用观念改善 4. 给用水的家电设施贴上标签 5. 通过定价政策，来调节水务服务
固体废弃物主题小组	**能源主题小组**
1. 尽量减少包装，重复使用容器，研究可生物降解包装 2. 堆肥，在家中实施堆肥，减少垃圾 3. 回收，替代垃圾桶，街边收集，当地垃圾分类中心 4. 残余物，道路垃圾箱，看守者，现场罚款等 5. 发电焚烧，减少填埋	1. 高层住宅上建立封闭式阳台，以减少热损失 2. 对适合的项目建立小型热电联产电厂 3. 对公寓和房屋进行调整，最大限度地提高能源效率 4. 为所有普雷斯顿的房屋做能源调查 5. 公用事业资助计划
最终前五名方案	
1. 水资源使用观念的改善 2. 运输合理化 3. 垃圾分类回收 4. 垃圾打包 5. 小型热电联产电厂	

最后一次全体会议讨论五个最终方案的具体方面，此次愿景工作坊并未发展出具体的行动方案，而是以当地政府做出的采取措施的承诺而结束。此次愿景工作坊10个月之后，普雷斯顿成立了可持续发展生活工作小组，来具体负责审查“前五行动方案”的进展情况。

4. 案例评析

这次愿景工作坊形成了普雷斯顿2010年可持续发展生活的愿景展望和行动方案，各个参与者群体处于平等的对话中，有75%和20%的参与者认为此次工作坊非常有意思和有意思；分别有35%和55%的参与者认为非常具有教育意义和具有教育意义；分别有45%和35%的参与者认为它非常具有激励作用和有激励作用；分别有40%和35%的参与者觉得此次愿景工作坊非常有用和有用。对普雷斯顿未来生活的愿景展望也反映了世界上其他城市的趋向：在地方政府的带领下，个体在一定程度上要有保护环境的责任，才能创造更高质量的生活，解决现存的环境问题的方式也许早已存在，关键是要付诸行动。

当然英国第一次愿景工作坊的实践，也有需要改进的地方，如这次愿景工作坊的政策“输入”方面并没有得到完全的执行，五个最终的行动计划只有排序最前的两个得到执行，因为地方政府对议题的影响，会选择带有偏好的方案执行。这也说明如果愿景工作坊是制定政策的政府发起的话，虽然最后的行动计划会直接导向决策过程和执行，但也会受政府选择政策偏好的影响。另外，普雷斯顿的经验也表明，社会协商的方法必须结合一国的文化与传统，需要作出调整以适应本国的情况。

（三）对愿景工作坊实践的评价

愿景工作坊是一种相对简单、易于操作和低成本的社会协商方法，其制度设计采用利益相关者来确定参与者，由决策者、专家、商业代表和居民四个群体组成的工作坊，保证了参与者的代表性，同时又具有针对性，满足了赋权、专业、参与和代表性等重要条件。[①] 愿景工作坊更适合于地方议题，关注的是具体问题或地方决策，与普通居民的日常生活息息相关，体现出更强的现实性，实践中呈现的观点和行动计划也有很强的针对性。愿景工作坊通过协商和对话，分析不同群体观点之间的差异和共同点，讨论后产生新的认知有助于提升社会共同体对未来问题的关心和构建一个社会共同理想的愿景。当然，愿景工作坊的协商方法也有不足[②]，可能无法有效应对地方共同体中的复杂问题与矛盾，如果同时无法提供充足时间就复杂问题进行深入讨论的话，可能很难真正解决深层次的分歧。[③]

---

① Mark B. Brown. Survey Article: Citizen Panels and the Concept of Representation. *Journal of Political Philosophy*, Vol. 14(2), 2006, pp. 203-225.

② Dionyssia Hatzilacoul and Giorgos Kallis et al. Scenario Workshops: A Useful Method for Participatory Water Resources Planning? *Water Resources Research*, Vol. 43(6), 2007, pp. 1-12.

③ J. Chopyak & P. Levesque. Public Participation in Science and Technology Decision Making: Trends for the Future. *Technology in Society*, Vol. 24(1), 2002, pp. 155-166.

第四章　协商民主与选举民主的关系

协商民主是一种直接民主，选举民主是一种间接民主，要想厘清两者的关系，可以从目标、形式、作用和地位四个方面来进行考虑。协商民主与选举民主在本质上统一于人民主权；协商民主以话语为表达形式，而选举民主则以选票为表达形式；协商民主重视沟通与共识，而选举民主则更重视竞争与多数决，如果缺少了选举民主，在无法达成共识的情况下，协商民主将会消耗公民的参与热情；但缺少了协商民主，仅仅依靠选举民主也会形成选票的宰制和加剧固有的分歧，这两种民主的作用又是互补的；虽然两者之间不是非此即彼的关系，但地位有所不同。协商民主与选举民主的关系如图4-1所示。

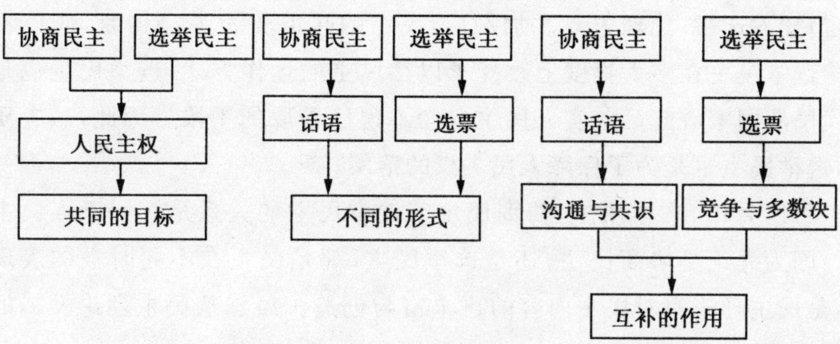

图 4-1　协商民主与选举民主的关系

第一节 共同的目标:人民主权

从协商民主的起源来看,虽然毕塞特(Joseph M. Bessette)在1980年发表的论文《协商民主:共和政府的多数原则》中首次明确提出了"协商民主"这个概念,但实际上,协商民主的思想源远流长,这种强调公民直接参与式公共事务协商与辩论的实践,最早可以追溯到古雅典的民主模式。无论经过怎样的变化和不同学理的解释,从本质上而言,协商民主仍然是民主,即协商民主把实现人民主权作为其价值追求的首要目标,只不过在"民主"前面加了"协商"作为定语,以此来突出这种民主理论的特征——公民是以协商的方式来参与公共事务从而保证人民主权的落实。至于公民的参与为什么要以协商的方式进行,前面已经进行过相关分析。

选举民主是在对古典直接民主批判的基础上产生的,因为古典民主只能在小国寡民的城邦国家实现,随着民族国家的形成与发展,民主必须改变原有的运作形式来适应国家疆域面积的扩大和人口规模的增长,因此,以选举民主为核心的代议政体成为必然的选择。在古典民主中,公民直接参与公共事务的治理,但在选举民主中,公民似乎以选民称呼更为贴切,选民通过投票选举代理人,即"选举不制定政策;选举只决定由谁来制定政策。选举不能解决争端,它只决定由谁来解决争端"[①]。可以看出,在选举民主中,公民不再直接参与公共事务的治理,而是委托代理人来行使权力。因此,有的学者甚至认为选举民主是对民主的异化或阉割,民主本来是浓烈的二锅头,但掺入选举、代理人等添加剂后,民主的味道变淡了。[②]但是,应该看到无论选举民主在多大程度上改变了以往民主的运作方式,选举民主也是在现代民族国家崛起后落实人民主权而不得已采取的手段。因此,从本质上看,选举民主也是为了保障人民主权的落实。

可以看出,在本质上,协商民主与选举民主的关系是统一于人民主权的。因为无论是协商民主,还是选举民主,都是民主在不同时空的表现形式,是民主理论家对民主内容的再丰富与创造。虽然从民主理论发展的脉

---

① [美]乔万尼·萨托利:《民主新论》,冯克利、阎克文译,北京:东方出版社,1998年,第122页。

② 王绍光:《民主四讲》,北京:三联书店,2008年,第46页。

络看，协商民主是在对选举民主批判的基础上产生的，无论其体现的是直接民主还是间接民主，但如果追本溯源，它们在理论本质上都有着统一的目标，都是为了更好地落实人民主权。

第二节　不同的形式：话语与选票

协商民主是一种以对话为中心的民主理论，这种民主理论把对民主的理解放在公民参与讨论的观念上。协商民主认为一种具有正当性的政治秩序或公共决策，必须向所有受其影响者说明其合理性，也就是说，集体的决定必须具有公开讨论的过程；公共政策的制定必须“给个说法”，必须公开说明、解释，甚至提出充分的理由来说明其合理性。在公共协商的过程中，参与者必须向公民提出自己的关切与论点，也在相互尊重的立场上聆听、理解他人的关切与论点，由此达成有论理根据的相互同意，使得不同的利益与价值关切，能够得到平等的考虑，以提高政策的合法性。在对话与沟通的过程中，强调理性的公共运用和听取别人的想法，有助于减少与克服有限理性。可以说，在协商民主的表现形式上是通过话语的讨论、争辩与沟通来进行的，话语在协商民主中具有重要意义。

选举民主是一种以投票为中心的民主理论，表现形式就是选票，通过选票的数量进行对决是选举民主的核心内容。在代议政体下，就像熊彼特所说的那样，民主就是某些人通过争取人民选票取得作决定权力的制度安排，所以选票为大，谁获得了多数的选票，谁就成为人民主权的委托者，掌握着治理国家的权力，因此职业政治家都把经营选票作为最主要的工作。目前在世界上绝大多数国家，通过选举获得选票已经成为执政者取得合法性的关键步骤。在许多国家，真实的情况可能是有选举但并非有民主，然而在任何国家，无选举则根本不可能有民主。无论怎样，选举民主代表着民主发展过程中的重要阶段。虽然选举民主屡遭批评，但选举民主在落实人民主权理念的历程中具有决定性意义，它使“民主”的理念在现代民族国家的实现成为一种可能。

第三节　互补的作用：沟通、共识与竞争、多数决

协商民主是一种话语民主，更重视沟通与共识，跟别人沟通能够制约我

们的偏执之心,开阔我们的视野。我们天生就是要从别人的角度看问题。这样,我们就看到了我们视野的种种局限性。没有谁了解他人所知道的一切,或者能够作出他们所能一致作出的推理。沟通、讨论就是一种将信息跟扩大议论范围相结合的方法。[①] 沟通与讨论是消除有限理性影响的一种方式,因为我们的想象和计算能力是有限和易犯错误的。所以,面对复杂的问题,每个人都希望通过讨论而集中其有限能力,并增加作出最佳选择的概率。[②] 因此,公共审议的过程,就是各种相互冲突的意见和观点自由交锋、批判和争论的过程,当然,最好是对所讨论的问题达成共识,即使达不成共识,通过参与和沟通审议的过程,让公民觉得所讨论公共问题体现了自己的意志,感觉受到公正的对待,从而更自觉接受亲自参与的决策。

而选举民主强调偏好之间的竞争与聚合,在决定一个人选或一项公共议题的时候,实行的多数决定的原则。所以,从两者发挥的作用上看,一方面在协商民主中,尤其是需要作出决定的议题,如果缺少了选举民主,在无法达成共识的情况下,协商民主将会消耗公众的参与热情,无法就公共议题的解决形成方案。另一方面在选举民主中,如果缺少了协商民主所主张的沟通、审议与讨论,仅仅依靠选举民主数量上的对比,也会形成选票的宰制和加剧固有的分歧;如果票决前进行充分的讨论、协商,即便不能就议题达成共识,最后需要票决来裁定选择,但在公开的沟通中,双方也会以“扩大的心胸”来对待存在的分歧,这样票决的科学性与合法性也会大大增强。因此,可以说,协商民主与选举民主在作用上是互补的。

第四节　不同的地位:协商为辅与选举为主

协商民主理论是一种强调公民直接参与的民主模式,但是参与式民主的多数学者并不认为应该取消选举。“参与论者”即使怀有直接参与的民主理想,他们也很少使其理论同直接民主完全相一致。[③] 佩特曼也否认这样

---

① [美]罗尔斯:《正义论》,何怀宏等译,北京:中国社会科学出版社,1997 年,第 347 页。[美]凯斯·R·孙斯坦:《设计民主:论宪法的作用》,金朝武、刘会春译,北京:法律出版社,2006 年,第 12 页。

② [美]詹姆斯·D·费伦:《作为讨论的协商》,王文玉译,载陈家刚选编:《协商民主》,上海:上海三联书店,2004 年,第 7 页。

③ [美]乔万尼·萨托利:《民主新论》,冯克利、阎克文译,北京:东方出版社,1998 年,第 127 页。

的观点——抛弃竞争式民主制度，把直接民主制度广泛地运用到所有政治、经济和社会领域，实现对各个领域完全平等和自由的管理。实际上，佩特曼就认为选举民主的许多核心制度——如竞争性政党、政治代表、定期选举——都将是一个参与性社会不可缺少的组成因素，并且公共事务中政党和利益集团的竞争可以最现实地促进参与式民主。[①]

巴伯也认为："直接民主意味着一种所有人可以在所有时间内就所有公共问题进行管理的政府形式；我们不能指望直接民主的形式在拥有数以百计的公民的规模庞大的国家中能够有效运行。"这种情况下选举民主作为一种新的民主政府形式取代了直接民主。在选举民主中，一些经过所有公民选举出来的代表在全部时间内管理所有公共事务，从而提高了治理的效率。但是，在巴伯看来，选举获得了效率，却又牺牲了公民的参与权和公民身份，他所倡导的强势民主就是在不忽视选举民主所起作用的前提下积极落实公民的参与权和公民身份。[②] 可以说，直接参与式的协商民主是针对选举民主进行修补，而不是激进的替代。

尽管有的学者认为以"选举为中心"的民主应该逐渐被"以协商为中心"的民主所取代，也尽管协商民主确有可取之处，但就现实民主国家的运作而言，代议政体还离不开"选举民主"所赋予的合法性，协商民主也无法取代选举民主，而只能依附于现有的选举民主体制的活动或过程中而存在。这也意味着，尤其在代议政体的建构与运作方面，即使选举民主有很大的局限性，选举民主为代议政体的顺利运行提供了最基本的方式，选举民主可以独立于协商民主而存在；而仅仅依靠协商民主，则很难为代议政体的运行提供一整套的规则和方式，也很难保证代议政体运行的效率。协商民主如果脱离了选举民主所建构的代议政体，其作用会大打折扣，甚至是难以生存。所以说，在地位上两者是有差别的，协商民主处于辅助的位置，而选举民主处于主要的位置。

---

① [英]戴维·赫尔德:《民主的模式》，燕继荣等译，北京：中央编译出版社，1998 年，第 338～339 页。

② [美]本杰明·巴伯:《强势民主》，彭斌、吴润洲译，长春：吉林人民出版社，2006 年，第 1～7 页。

第五章　协商民主面临的挑战

协商民主虽然是在对选举民主批判的基础上产生的，但如果把协商民主作为解决选举民主产生问题的万灵丹，恐怕也过于乐观。其实同任何理论一样，协商民主也面临着质疑和挑战，如协商后，非但不会产生民主的决策，反而会出现“群体极化”的现象；公民现实生活中条件的不平等，也会限制协商的效果；参与诱因论和社会分工论也对协商民主进行了诘难等。当然，认识到协商民主的困境并不是为了反对其价值，而是使其得到更好的完善。

第一节　群体极化

有些理论和实践证明：协商不一定民主，公民之间的协商将会导致群体的两极分化。所谓“群体两极分化指的是协商群体的成员可以根据人们的预测朝着其成员在协商前表现出的倾向中更加极端的点移动”①。也就是说，当公民聚在一起就某个公共议题协商后，不但不会产生民主决策的结果，反而会产生朝向民主结果相反的方向发展，尤其是相同观点的人在协商

---

①　群体两极分化是借用心理学的一个概念，容易使人误解，这里本意不是说群体成员将朝着两极移动；相反，它是指在讨论某个问题的群体中发生的某种可以预想的移动。当这种移动出现的时候，群体成员就不是朝着事先安排的中间位置移动，而是朝着某个由这些安排所代表的方向更加极端的位置移动。（参见[美]凯斯·R·孙斯坦：《设计民主：论宪法的作用》，金朝武、刘会春译，北京：法律出版社，2006年，第15、26页。Cass R. Sunstein. Deliberative Trouble? Why Groups Go to Extremes. *The Yale Law Journal*, Vol. 110(1), 2000, pp. 71-119)

之后，又没有得到不同观点的质疑时，更会做出极端的举动。公共协商之后，公民为什么不会以“扩大的心胸”来看待分歧，反而会放弃自己的理性判断，去服从更加极端的言论或权威，从而导致了更为极端的公共政策？

其主要原因是社会对个体行为有着重要的影响。具体而言，社会通过两个不同的机制影响着个体的行为：一是信息机制，即别人的言行会产生一种信息的外部性(informational externality)。如果很多公民支持某一项公共政策，那么，其他的旁观者就得到了一个怎样做才有意义的信号。二是名誉机制，即当一个群体的成员对背叛者加以处罚时，那么潜在的背叛者就会预先知道将要受到的惩罚。对于名誉的关心，公民有动力去做其他群体成员认为应当做的事情，尽管这种应当做的事有可能是违反法律的。尤其是经过社会瀑布效应(cascade effect)的作用①，个人在信息和名誉瀑布的压力下，自己很难产生独立和理性的判断，从而导致了群体的两极分化。

所谓信息瀑布就是当个人缺乏大量的信息(即使有时他们拥有这些信息)时，他们就依赖于别人的陈述或行为所表达的信息。一般来说，人们选择相信或者去做新的或不同的事情，都有各自的“门槛”。有的人需要非常充分的理由才愿意改变自己的观点，而有的人仅仅需要很少的理由就愿意改变。当需要更少理由的人相信或做到一定程度时，门槛略高的人就会加入其中，从而达到某个临界点，使得各种群体“发生动摇”。这一过程的结果可能引发瀑布效应，即小群人或者大群人之所以相信某件事(尽管这件事是假的)，仅仅是因为别的人似乎相信这件事是真的。同样的过程也对政治产生类似的瀑布现象。假如甲相信某种反歧视的公共决策是错误的，而乙没有把握，但听说甲相信，于是乙便朝着甲的方向发展，而丙也不愿意在甲和乙都不认同的时候坚持自己的观点，那么到了丁，就需要很大的信心才能拒绝甲、乙和丙三个人(表面上)向他人作出的坚决相信的判断。因此，在信息瀑布的压力下，很多公民，尤其是缺乏信心的公民往往最后相信他人似乎也

① 瀑布效应的作用就是不管是由于信息的传播(无论真假)，还是由于同一群体中其他人的压力，社会影响能够引导人们朝着特定方向发展。有时，瀑布效应具有非常强的“地方”或者说“群体”色彩，而且非常容易引导某些特定群体的成员，使他们非常理性地相信或者去做其他群体成员觉得非常愚蠢或糟糕的事。(参见[美]凯斯·R·孙斯坦：《设计民主：论宪法的作用》，金朝武、刘会春译，北京：法律出版社，2006年，第15、26页。Cass R. Sunstein. Deliberative Trouble? Why Groups Go to Extremes. *The Yale Law Journal*, Vol. 110(1), 2000, pp. 71-119)

相信的政策。[①]

所谓名誉瀑布就是人们关心的是别人如何想,因为他们不知道到底该如何想,只能依赖他人的意见。在公共协商的过程中,公民表达观点或者保持沉默,甚至表达本来不是自己本意的话,其中一部分的原因就是为了维护自己的名誉。在一般情况下,人们在名誉压力面前作出的让步也都有其不同的"门槛"。有的人只是感到压力很大时才会跟着压力走,而有的人在压力不大的时候就屈服于压力。当越来越多的公民屈从于压力时,其后果同样可能是出现瀑布效应,即整个社会朝着一个方向运动,并最终达到某个临界点。这时,很多公民最终在表面上支持某个特定的议题,其理由仅仅是因为别人也这么做。在政治领域中,公民可能会反对某项公共政策,其原因仅仅是因为他们感到,如果表达出相反的观点,就会面临名誉的制裁。[②]

从上面的分析来看,在公共协商过程中,个体公民在信息和名誉瀑布的影响下,很容易受到从众欲望的影响,丧失了自己理性和独立的判断,协商的结果不但不会达成共识,扩大理解,制定民主与可行的公共政策;反而在协商后,个人的立场比协商前任何个人的立场都要极端,其结果就很可能是出现大范围的错误或者社会分裂。因此,当协商与群体两极分化现象并存的时候,我们就会怀疑协商民主到底是不是一件显而易见的好事。当然,协商民主由于种种的原因而有其存在的必要,群体两极分化也许并不能为协商民主的实践带来明显的障碍,但是,它确确实实对"协商是制定良好的公共政策的最佳途径"这个普遍的观点提出了质疑和挑战。

第二节 协商条件不平等

平等在协商民主中发挥着重要的作用,协商条件的不平等限制着协商

---

① 出现信息瀑布的前提是缺乏大量关于许多人或者多数人的私密信息;如果人们拥有大量的私密信息,或者对他们自己的判断充满信心,那么他们就不大可能受到别人行为所发出的信号的影响。(参见[美]凯斯·R·孙斯坦:《设计民主:论宪法的作用》,金朝武、刘会春译,北京:法律出版社,2006 年,第 15、26 页。Cass R. Sunstein. Deliberative Trouble? Why Groups Go to Extremes. *The Yale Law Journal*, Vol. 110(1), 2000, pp. 71-119)

② 出现名誉瀑布的一个前提就是,对于相关群体中的人来说,名誉必须是其行为的一个重要动因;如果人们压根就不关心自己的名誉,或者名誉只在人们的选择中起着很小的作用,名誉瀑布也就不太可能形成。(参见[美]凯斯·R·孙斯坦:《设计民主:论宪法的作用》,金朝武、刘会春译,北京:法律出版社,2006 年,第 15、26 页。Cass R. Sunstein. Deliberative Trouble? Why Groups Go to Extremes. *The Yale Law Journal*, Vol. 110(1), 2000, pp. 71-119)

的效果，影响着协商民主的实现。亚里士多德早就指出：在不平等的情况下，协商不但不会规范政治的运作，反而会导致政治的动荡。协商条件的不平等主要分为“机会不平等”、“资源不平等”和“能力不平等”。如果用政治学的术语来表达就是：“权力的不对称”影响到公民进入公共领域协商的途径；“交流不平等”影响到公民协商的能力和机会的有效运用；“政治贫困”或“公共能力缺乏”影响到政治上贫困的公民不可能参与到协商的过程中。这几种不平等的形式单独或者组合起来，使得一些公民或团体难以进入或进行公共协商。[①]

资源的不平等影响着民主的协商。享有权力或物质资源优势的公民通常以“承诺”或“威胁”的方式来扭曲公民之间的协商。承诺就是通过他们为其他公民提供利益，以便换取对特定政策的支持；而威胁就是他们通过明显或隐蔽的制裁恐吓其他公民，来获得利益。[②] 一般的公民在利益或压力的条件下，通常会进行虚假的协商，来获得好处或避免不必要的麻烦。另外，物质条件差的公民可能因为忙于生计无暇参与公共讨论，他们的利益也容易遭到忽视。

公民论证和说话能力的不平等也影响着协商。在公共协商中，公民必须具备较高的认知、论证和沟通等能力，才能以理性的论证方式来陈述个人的理由。因此，拥有说话或专门知识特别能力的少数人在公共协商的过程中具备更大的优势。[③]在协商民主中，缺乏论证等能力的公民犹如战场上没有武器的士兵，他们不能有效地参与协商，只能被动地默认其他公民协商的结果。

协商民主是包容的，即任何人都可以参与讨论与沟通，但是如果协商的本质偏向某些人而牺牲了其他人的参与，其包容性也就不存在；协商民主是理性的，但是在公共协商的过程中，如果考虑的不是公民的理由与观点，而是权力与财富，其结果也不是理性的；协商民主是合法的，但是如果包容性和理性在公共协商的过程中都丧失了应有的位置，其合法性的宣称也是失

① [美]詹姆斯·博曼：《公共协商：多元主义、复杂性与民主》，黄相怀译，北京：中央编译出版社，2006年，第93～94、113页。

② [美]杰克·耐特、詹姆斯·约翰森：《协商民主要求怎样的政治平等》，载[美]詹姆斯·博曼、威廉·雷吉主编：《协商民主：论理性与政治》，陈家刚等译，北京：中央编译出版社，2006年，第224～225页。

③ [美]詹姆斯·博曼：《协商民主与有效的社会自由：能力、资源和机会》，载陈家刚选编：《协商民主》，上海：上海三联书店，2004年，第145页。

败的。[1] 因此,在协商条件不平等的情况下,正如桑德斯所批判的那样,强势群体将不可避免地主导公共协商的过程,弱势群体也将不可避免地被忽略或排除。[2]

第三节 参与诱因论和社会分工论的诘难

协商民主要求每个参与的公民都拥有很强的社会责任感,但是现实表明:那些没有参与诱因的公民,即使鼓励他们参与,也很难达到应有的目的。相反,在任何特定议题上掌握信息最充分的公民,是那些直接从该议题获利的人,他们有强烈的诱因参与公共协商。所以,公共协商的结果反映的是具有利益偏差的协商。公共协商如果只能吸引具有"马基雅维利式"品性的人,并且奖励那些据此品性行动而猎取最大利益的人,这样,无疑会威胁协商民主的质量。[3]

社会分工是一种普遍存在的社会现象,是一定社会结构的反映,也是社会发展的必然趋势。社会分工基础上的个体和群体的互不相同,各司其职与互相补充从而使社会得以协调发展。人类文明的进步就是以社会分工的更加细致化为前提的。在社会分工必须存在的背景下,任何公民都没有精力、知识和能力对所有的公共事务有深入的了解且作出明智的判断。官僚和专家对公共事务的主宰是符合社会分工原则的,取消精英的公共决策权,而过高地赋予普通公民政策决定权,有可能造成不负责任的民粹主义和集体暴政。因此,社会分工的条件下,如何平衡精英决策和民众决策的分歧也是协商民主不得不面对的挑战。

当然,协商民主面对的挑战还不止这些[4],如协商民主在公共议题上预

---

① [美]戴维·米勒:《协商民主不利于弱势群体》,载[南非]毛里西奥·帕瑟林·登特里维斯主编:《作为公共协商的民主——新的视角》,王英津等译,北京:中央编译出版社,2006 年,第 142 页。

② Lynn M. Sanders. Against Deliberation. *Political Theory*, Vol. 25(3), 1997, pp. 347-376.

③ [美]戴维·米勒:《协商民主不利于弱势群体》,载[南非]毛里西奥·帕瑟林·登特里维斯主编:《作为公共协商的民主——新的视角》,王英津等译,北京:中央编译出版社,2006 年,第 140~141 页。

④ 关于协商民主的困境,参见[美] 苏珊·C·斯托克斯:《协商的困境》,载约·埃尔斯特主编:《协商民主:挑战与反思》,周艳辉译,北京:中央编译局出版社,2009 年,第 121~137 页。[美]詹姆斯·费希金、[英]彼得·拉斯莱特主编:《协商民主论争》,张晓敏译,北京:中央编译出版社,2009 年,第 146~171 页。

设了共识或确定的答案。但在预设的前提下，公民在讨论中是否会因为追求所谓的共识或确定的答案，而忽视了少数人或特殊群体的真正需要？这种趋向在本质上是可怕的和反民主的。[①] 另外，共识是抽象的，在具体化的过程中，又如何避免强势群体以共识之名而行私利之实？还有，民主与信息不可分，公共协商也离不开信息的公开，但是，官僚与公民之间长期存在着信息的不对称，也是协商民主不得不面对的困难。

① Lynn M. Sanders. Against Deliberation. *Political Theory*, Vol. 25(3), 1997, pp. 347-376.

第六章　协商民主在我国的运用

随着改革开放的深入，我国出现了阶层分化、利益冲突和价值多元的趋向，民众对选举民主的需求也日益增强。但是由于各种原因，选举民主在中国的推进还面临着困境。在当前我国选举民主还不能完全落实的情况下，可以优先发展协商民主，如在人大立法、公共决策和基层治理等领域，大量采用协商民主的形式。通过协商民主的运用，一方面可以缓解选举民主的压力；另一方面也可以在化解干群矛盾和深化基层民主治理等方面发挥重要作用。当然，协商民主在中国的运用也有局限性，本章将对协商民主在中国运用的资源、领域、作用和局限等方面进行论述。

第一节　协商民主在我国运用的资源和基础

传统是一个国家的根，一个国家民主政治发展离不开传统的支持，正是因为各国的传统不同，才孕育了不同的政治形态，中国古代的“治道民主”、“和”文化与“民本”思想为协商民主的运用提供了传统资源。我国的政治体制有着一系列的理论支撑，协商民主如果更好地在中国得到运用，很重要的一个方面，就是要争取和我国现有的理论资源进行接续，这样才能以更加“合法”的身份进入到理论建构层面，人民民主和群众路线为协商民主在中国的运用提供了理论资源。另外，如历史学家钱穆所言：制度必须在现实环境要求下生长，制度决非凭空从某一种理论而产生，而是从现实中产生的；如果忽略了现实，一心想模仿外国的制度，那么，我们此刻的理论是蔑视现实的理论，而我们所期望的制度，也是不切现实的制度[1]，因此，协商民主在中国的运用要求有现实基础。这些资源和基础也许并不能保证协商民主在中国运用的成功，但或许可以帮助协商民主在中国推广得更容易一些。

一、协商民主在我国运用的传统资源

(一)中国古代的“治道民主”[2]与协商民主

中国古代君主专制的政权在于帝王。帝王取得政权的方式开始是德和力——德足以服众，力足以驭众，而以力（打天下）的方式为主；其后则为世袭。政权的来源是非理性的，是皇帝打下来的，他人不得过问，对于政道，老百姓是无能为力的，而在治道这方面还是民主平等的，如科甲取士等。因此，著名新儒家杰出的代表牟宗三先生认为：“中国以前的治道已进至最高的自觉境界，而政道则始终无进展。中国在以往只有治道而无政道，亦如只有吏治而无政治”[3]。也可以说，“中国以前只有‘治权的民主’，而没有‘政权的民主’。”亦即中国古代是一个对于权力合法性来源不加追问的社会，只有治道民主，即只有公共事务实际治理层面的民主；而无“政道民主”，即老百姓没有合法地享有当家作主的权力，对政治上最重要的权力的归属和分配无能为力。[4] 牟宗三先生认为的“唯民主政治中有政道可言”意味着只有民主政治才能满足政权为人民所有，而非为一人、一家和一党之私有。如果把“政道民主”落实到实处，就是由全体国民定期选举享有政府治理权的持有者。可以看出，牟宗三先生的“政道民主”犹如选举民主，由选举决定统治者的合法性。

虽然，中国古代没有“政道民主”的传统，但是中国古代崇尚的以治理为重的理念，即使在今天一些国家和地区的治理中也发挥着重要的作用。以

---

① 钱穆：《中国历代政治得失》，北京：三联书店，2005年，第31页。

② 政道是相应政权而言，就是关于政权的道理。治道是相应治权而言，就是关于公共事务治理中的具体权力运用的道理。“政道民主”是关注权力合法性来源，谁合法享有国家统治权力的资格等根本问题解决之道的政治民主形式。“治道民主”就是不问权力合法性来源与谁统治这类紧要的、国家层面的政治基本问题，而仅仅关注政治运行过程中公共治理的方式是否民主的民主形式。（参见牟宗三：《政道与治道》（新版序），桂林：广西师范大学出版社，2006年，第1～24页）

③ 牟宗三：《政道与治道》，桂林：广西师范大学出版社，2006年，第1～4页。

④ 中国古代的治道主要有：儒家的德化治道，道家的道化治道和法家的物化治道，具体内容参见《论中国的治道》。（参见牟宗三：《政道与治道》，桂林：广西师范大学出版社，2006年，第23～37页）

新加坡和中国香港为例,按照西方民主的标准,新加坡和香港都不是民主的国家和地区,但是,以华人为主的新加坡和香港吸纳了中国"治重于政"的传统,其良好的治理成就不仅证明了治理可以脱离自由竞争式民主的附庸而有效地促进社会的进步和发展,而且也为试图在竞争式民主之外"走自己的路"的华人学者,提供了重要的思考资源。如有的学者认为中国如果要大肆普及竞争式选举,必然使原本势大权大的利益团体得益,强化社会原有的分化和冲突,从而造成政治和经济的衰退,所以,应该模仿新加坡和香港的"治重于政"的模式,在政府与人民的联系上设立各层次的"社会咨询委员会",定期举行听证会,质询公共政策等职能。① 有的学者认为西方竞争选举式民主是虚幻的,从中国的传统和现实出发,中国治理的关键不在于"由人民当家作主('政道民主'),而在于为人民当家作主('治道民主')",要求治理必须尊重民心民意民情,以及保民恤民教民等。② 还有的学者提出了"行政吸纳政治"的观点,就是指通过各种渠道将社会不同的利益和要求汇聚到公共决策的过程,这样公共决策不再是少数决策者的专利,同时也呈现出大众性、开放性和参与性。这一模式被称为"行政民主化",实际上是中国古代"治道民主"的现代翻版。③

从协商民主的内容看,协商民主不在于改变现有统治权力的合法性,是在肯定政府的权威与合法性的前提下,促进公民的参与,可以说是民主政治的"改良",而不是"革命",也就是不在于变革现行权力结构的安排,而将协

---

① 有的学者认为,中国当前应该摆脱西方竞争式民主的迷信,建立以法治为主、民主为辅的"咨询型法治"政体。(参见潘维:《法治与"民主迷信"》,香港:香港社会科学出版社,2003 年,第 3~60 页)

② 有的学者认为现行的西方政体是不民主的,民主只不过是乌托邦而已,因此,我们不要对西方的民主顶礼膜拜。政治的本质"在于为人民作主,而不在于由人民作主",中国儒家"主而为民"的思想才是符合中国现实的。一方面肯定了"主"的必要性(即国家权威、社会秩序和主权统一可以防止无政府和天下大乱),另一方面肯定了"民"的重要性,要求"主"的治理必须尊重民心民情民欲和为民保民恤民教民。这样,主民互依,不偏主或民才是"天理人情"。古代"为民"的智慧是当前我国公共治理的重要资源。(参见河清:《民主的乌托邦》,香港:明报出版社,1994 年,第 167~189 页)

③ 有的学者认为,"行政吸纳政治"是香港政府在没有民选官员的情况下,通过吸纳社会精英进入决策机构从而获得某种程度上的政治整合的一种政治治理模式。由于这一模式在行政传统的政策执行功能之中加入了利益表达的功能,因此这一过程也可称为行政民主化。[参见《香港的政治模式——行政吸纳政治》,载金耀基:《中国政治与文化》,牛津大学出版社,1997 年,第 21~45 页。转引自康晓光:《再论"行政吸纳政治"——90 年代中国大陆政治发展与政治稳定研究》,载《二十一世纪》(网络版)2002 年 8 月号,总第 5 期]

商的重点转向公共治理领域，更关注具体立法和行政过程中的“为民”程度。通过公民的协商，可以激发良好意见的表达，增强公共政策的合法性，改善民主治理质量，可以说是一种治道民主，符合中国古代“治道民主”的传统。虽然儒家本身并没有创造出民主，但这并不意味着其价值观与民主制度不兼容，儒家强调的“治重于政”的思想为协商民主提供了良好的本土传统资源，与协商民主的基本精神具有一定的契合性。

（二）中国传统的“和”文化与协商民主

中国传统文化的核心价值是“和”：人与天和，人与人和，人与地和。“和”就是“以他平他”，就是各种不同事物的配合与协调，事物相杂，协调配和，用长补短，才能产生最好的效果。[①] 孔子说：“和为贵”[②]。孟子说：“天时不如地利，地利不如人和”[③]。儒家把“人和”放到最为重要的位置。正如国学大师梁漱溟先生以“尊重他人”四个字概括中国的传统文化，这种“人和”就是基于人与人之间的相互尊重，具体的要求是：“父慈子孝，兄良弟悌，夫义妇听，长惠幼顺，君仁臣忠”[④]。这十义体现的是一种双向互敬的关系，而不是单向的绝对服从或绝对统治。[⑤] 可以说，“和”是政治的最高境界，是国泰民安的基本表征。中国传统文化对“和”的追求并不是无条件的，而是追求的“和而不同”。所谓“同”就是指事物的单一性。单一的东西不能长久，即“同则不继”，“以同裨同，尽乃弃矣”。[⑥] 中国传统的“和”思想既承认差异，又要求和谐，通过相互补充，达到事物的矛盾统一，形成和谐的状态。

如果用现代的眼光来看，中国传统的“和”在道德层面是以血缘亲情的等级观念为原则，在政治层面以尊卑有序的宗法等级制度为基础，这与现代民主政治强调由平等公民建立的和谐社会有本质区别。但是，“和而不同”强调的“和谐而又不千篇一律，不同而又不相互冲突；和谐以共生共长，不同以相辅相成”的内在理念在现代社会也具有普遍价值。在“和”文化的影响下，中国古代就注重通过协商的方式就某些问题达成共识。美国哈佛大学的苏珊·奥格登认为，把协商作为形成一致意见的方式，对中国的民主政治

① 刘泽华主编：《中国政治思想史》（先秦卷），杭州：浙江大学出版社，1996 年，第 45 页。
② 《论语·学而》。
③ 《孟子·公孙丑》。
④ 《礼记·十义》。
⑤ 河清：《民主的乌托邦》，香港：明报出版社，1994 年，第 176 页。
⑥ 刘泽华主编：《中国政治思想史》（先秦卷），杭州：浙江大学出版社，1996 年，第 45 页。

发展起着重要作用,是构建中国民主大厦的一块重要基石。因为"作为达成共识的一种方式,在中国政治系统中对协商的强调是其民主政治发展的一项重要武器,在中国,'和'是其传统政治思想的瑰宝,也是到目前为止中国政治系统达成共识和维持秩序的重要目标"①。尽管中国传统文化的"和"是建立在等级制而不是平等的基础上,但对利益主体多元共存和发展的强调与协商民主的基本精神有一定的契合性,以"和"为核心的中国传统文化为协商民主的运用提供了良好的精神资源和文化背景。②

(三)中国传统的"民本"思想与协商民主

"民本"思想是我国传统的重要资源,源远流长,上可以追溯到三代,下可以发现于当今。虽然,"民本"思想曾被当作封建残余而遭到批判,但是,"民本"思想至今仍然彰显着其固有的价值,成为与民主接续的重要的传统资源。民本意味着人民是国家的根本,因为没有人民就不会有国家,就无从产生君主。"民惟邦本,本固邦宁"③,"民为贵,社稷次之,君为轻"④就是此意。从这种观点出发,又可以推出国家为人民所共有。如"大道之行,天下为公"⑤,"天下,非一人之天下,天下之天下也"⑥,强调人民为国之本是民本思想的基本理论。虽然,传统的"民本"思想不同于现代的"民主"理念,但是,在君主享有主权的统治下,君主治国必须同样要以人民的福祉为依归,要"民之所好好之,民之所恶恶之"⑦。为此,在"民本"思想制约下,君主要注意征询下属的意见,接受大臣的批评,重大的施政措施是在争论和协商的基础上产生的。

政治需要经过商议的传统,可以追溯到三代时期的尧。尧在位期间处理的一切国家大事,如治理洪水、任用官吏等,都需要经过一批称作为"四岳"的贵族大臣的商议。⑧ 到了西周晚期,政治家邵公强调让人民发声和自由讨论的重要性:"防民之口,甚于防川。川壅而溃,伤人必多,民亦如之。

---

① Suzanne Ogden. *Inklings of Democracy in China*. Boston: Harvard University Press, 2002, p. 257.

② 林尚立:《协商政治:对中国民主政治发展的一种思考》,载《学术月刊》2003年第4期。

③ 《尚书·五子歌》。

④ 《孟子·尽心下》。

⑤ 《礼记·礼运》。

⑥ 《吕氏春秋·孟春纪》。

⑦ 《礼记·大学》。

⑧ 《尚书·尧典》。

是故为川者，决之使导；为民者，宣之使言。”[①]为了让人民发声，西周的具体要求是：“天子听政，使公卿至于列士献诗，瞽献曲，史献书，师箴，瞍赋，蒙诵，百工谏，庶人传语，近臣尽规，亲戚补察，瞽史教诲，耆艾修之，而后王斟酌焉，是以事行而不悖”[②]。其意思就是治理天下要使公卿士大夫借助诗歌对朝政进行讽刺和进谏，掌管礼乐的太师通过乐曲规谏，掌管阴阳、天时和礼法的太史以先前的经验相劝导，大臣要直陈朝政存在的问题和纠正君主的得失，老百姓虽不能直接向君主表达意见，但他们的想法要通过各级官吏上报朝廷。总之，天子施政要听取民声，了解民情，接受规谏，认真讨论，勤于协商，其施政行为要接受臣僚的商议、批评、质疑和辩论。

秦汉以后，尽管大一统的皇帝专制政体成为历代皇朝的定制，但政治需要协商、讨论、辩论和批评的传统，一直为历朝所沿袭。在历代朝廷的官制中，均设有言官(谏官)制度，让言官“不治而议”，批评朝政之得失。西汉设谏大夫，负责议论朝政得失，东汉有谏议大夫；唐朝在设置谏议大夫的同时，还设置了专门负责对皇帝进行规谏的补阙、左右拾遗等官职。宋朝又专门在朝廷设置了一个名为谏院的机构，以左右谏议大夫、司谏、正言为谏官，专门负责规谏朝政缺失，谏官可以对大臣和百官的任用、朝廷各部的政策措施提出意见。

协商政治的传统，在明清之际思想家黄宗羲那里也得到认同。黄宗羲认为“清议”犹如中流砥柱，可以抑小人之恶，救政教之失。他借鉴三代学校议政以及东汉、北宋学生危言深论，不隐豪强的历史经验，主张强化学校的议政职能。[③] “学校，所以养士也。”从郡县到中央的各级学校，承担着教育人民、议论朝政的职能，在国家政治中扮演着议政的角色，“必使治天下之具皆出于学校……盖使朝廷之上，闾阎之细，渐摩濡染，莫不有诗书宽大之气；天子之所是未必是，天子之所非未必非，公子亦遂不敢自为非是，而公其非是于学校”。最高一级的太学，在国家政治生活中尤具崇高地位，“太学祭酒，推择当世大儒，其重与宰相等，或宰相退处为之。每朔日，天子临幸太学，宰相、六卿、谏议皆从之。祭酒南面讲学，天子亦就弟子之列。政有缺失，祭酒直言无讳”[④]。可见，黄宗羲设立学校的目的，是为了矫正君主专制

---

① 《国语・周语上》。

② 《国语・周语上》。

③ 刘泽华主编：《中国政治思想史》(隋唐宋元明清卷)，杭州：浙江大学出版社，1996 年，第612 页。

④ 黄宗羲：《明夷待访录・学校》。

政治导致的"权力即真理"的弊端,重现三代贵族士大夫协商政治的理想,把历代君主政治中的某些积极因素,如乡校议政、群臣谏议、处士横议、书院谠论、士大夫清议等,加以整合并力图使之制度化和经常化。①

我国古代的民本思想本质上是君主专制体制内的一种调适,协商政治的理念也脱离不了专制主义的约束,在实现民本理想方面,有其特定的局限性:一是君主决定着协商的内容,而且主导协商的话语权和过程,是协商的最后裁决者。二是在制度安排上,从三代的"乡校"、春秋战国时的学宫,到秦汉以后的言官制度都是注重精英之间的协商,普通的民众缺乏参与的机会,并不是真正意义上的公共协商。三是协商缺乏必要的规则和程序,带有很大的随意性。因此,我国古代的这种协商政治有着专制主义的烙印,协商更多的时候成为君主主导下的决策咨询。即使如此,君主专制下的言官"不治而议",对朝廷的政策在辩论的基础上提出批评意见,使朝廷相关的政策通过一种有条件的对话、讨论和辩论的协商过程,无疑构成了协商民主在中国运用的传统资源。②

二、协商民主在我国运用的理论资源

(一)人民民主与协商民主

我国民主理论的核心是实现人民民主。"人民民主"从表面上看似乎是个赘词,因为"民主"这个词本身就包含人民权力的意思,因此,人民民主则意味着"人民的人民权力"。同义反复显然不是出于对民主本意的误解,而是有着其他的含义。因为在特定的年代,当民主被资产阶级所滥用和玷污时,再使用民主已不能表达"人民主权"的本意时,"人民民主"是被用来强调有别于资产阶级民主的更伟大和更进步的民主。③ 资产阶级民主是残缺不全的、贫乏的和虚伪的,是只供富人和少数人享受的民主;而人民民主则意味着人民是真正的统治者,享有管理国家事务的权利。④ 实际上,在民主评价的问题上,我们经常犯的错误就是仅仅从理论、性质和历史类型上评判我

---

① 刘泽华主编:《中国政治思想史》(隋唐宋元明清卷),杭州:浙江大学出版社,1996年,第613页。

② 陈剩勇:《中国的协商政治传统与地方民主的发展》,载陈剩勇、何包钢主编:《协商民主的发展》,北京:中国社会科学出版社,2006年,第79～91页。

③ [美]乔万尼·萨托利:《民主新论》,冯克利、阎克文译,北京:东方出版社,1998年,第530～531页。

④ 王沪宁主编:《政治的逻辑》,上海:上海人民出版社,2004年,第305页。

国的人民民主。如果我们是一个真正的唯物主义者，在比较这两种民主模式时，必须坚持以理想比较理想，以事实比较事实的原则。虽然人民民主在理论上比资本主义民主优越一千倍，但现实告诉我们，相比较资本主义民主的实践而言，人民民主的实践还很难说超过了资本主义民主。因此，不应该仅仅把人民民主看作是一个已经建立起来的固定的制度性权力体系，还应该看作一个有待实现的承诺。

虽然我国的人民民主从理论、性质和历史类型上都是先进的和高于资本主义的，但它在现阶段是不完善的，在一定程度上存在着高理论、低实践，实原则、虚程序的现象；人人都生活在民主政体下，但很难感觉到民主的存在和不能从民主那里得到满足；因此，在民主政治发展的水平上，我们是没有资格自夸的，如果不顾民主实践的不足而仅仅从理论上推论人民民主的优越性，除了满足虚荣心之外，什么也不能带给我们。[①] 因此，我们必须有勇气正视我国民主实践与其承诺的差距。

从现实的角度看，造成人民民主实践和承诺之间差距的主要原因之一是缺乏有效的制度安排。人民民主的核心是让人民当家作主，因此，对人民民主来说除了通过选举民主授权外，还要落实人民对国家公共事务治理的参与权。如果没有人民的广泛参与，人民民主就会丧失其最主要的特征。可以说，人民对国家公共事务治理的参与程度决定了我国民主的发展程度。人民的参与需要相应的制度安排，如果缺乏有效的制度，即使把“人民”和“民主”联结一千次，也丝毫解决不了人民当家作主的问题。在具体的制度设计上，马克思和恩格斯有些设想，列宁和毛泽东也做了探索，但是他们的努力并不意味着所有可以使人民当家作主的制度形式都已经被创造出来。[②] 当前，实现我国人民民主的具体制度形式主要是人民代表大会制度，人民选举的代表通过全国人民代表大会和地方各级人民代表大会行使管理国家的权利。虽然我们不能排除以人民代表大会制度为主要形式在实践人民民主方面发挥的重要作用，但是，为了实现人民民主，现有的制度安排是远远不够的，还需要更为丰富的制度设计。

只要不把人民民主理论当作固定的模式，只要不满足人民民主仅仅在

---

① 王振海：《民主与中国人》，北京：中国广播电视出版社，1989 年，第 81～85 页。

② 郭道久：《以社会制约权力——民主的一种解析视角》，天津：天津人民出版社，2005 年，第 340～366 页。

理论上的优越性,只要承认人民民主实践的差距,就为在人民民主的国家政治体制形式下,创新落实人民当家作主的制度和积极学习别国的民主经验留下了空间。另外,我国的民主政治发展不仅仅是落实公民的选举权,还要依法保障公民的知情权、参与权、表达权、监督权,健全民主制度,丰富民主形式,扩大公民有序的政治参与,拓宽反映社情民意的渠道,完善民主决策机制,让各个社会阶层都有渠道来反映自己的利益、需求和偏好,使人民民主真正名实相符。协商民主虽然发端于西方,但是从其本质上看,协商民主是为了落实人民主权的一种民主形式,它所包含的价值和制度安排对人民当家作主有着积极的借鉴作用。

(二)群众路线与协商民主[①]

群众路线是中国共产党对人民群众是历史创造者原理的创造性运用,是制订出符合人民利益政策的领导决策方法。密切联系群众,加强与群众沟通的最好方式就是采取面对面的双向对话、协商和讨论。早在1987年,十三大报告就明确提出建立社会协商对话制度:“各级领导机关的工作,只有建立在倾听群众意见的基础上,才能切合实际,避免失误。领导机关的活动和面临的困难,也只有为群众所了解,才能被群众所理解。群众的要求和呼声,必须有渠道经常地顺畅地反映上来,建议有地方提,委屈有地方说。这部分群众同那部分群众之间,具体利益和具体意见不尽相同,也需要有互相沟通的机会和渠道。因此,必须使社会协商对话形成制度,及时地、畅通地、准确地做到下情上达,上情下达,彼此沟通,互相理解。建立社会协商对话制度的基本原则,是发扬‘从群众中来、到群众中去’的优良传统,提高领导机关活动的开放程度,重大情况让人民知道,重大问题经人民讨论。”

十三大建立社会协商沟通机制的设想有其深刻的现实意义。因为我国的协商沟通主要是政治协商,即“国家政治生活领域内主体政治力量与次主体政治力量之间的合作、协商与联合,虽涉及社会各阶层、各团体的建设者,但其运作的单位主体是党派与界别组织,所以不能直接运用于日常性和社会性民主政治生活”[②]。但是,为了正确处理和协调不同群众之间的利益与矛盾,为了更好地倾听群众的声音,为了方便群众之间的对话与沟通,十三

① 关于群众路线与协商民主的关系,已经有专门著作论述,如韩福国:《开放式党建:协商民主与群众路线的融合》,上海:上海人民出版社,2013年。

② 林尚立:《协商政治:对中国民主政治发展的一种思考》,载《学术月刊》2003年第4期。

大试图把沟通协商扩展到整个社会领域，但所设想的建立社会协商对话制度的建议并没有得到实施，密切联系群众渠道的创新和制度化仍然是中国共产党一再强调的重点。如在《中共中央关于加强党同人民群众联系的决定》(1990)中提出："从中央到地方，各级党委都要在深化政治体制改革中，积极疏通和努力创造联系群众的新渠道、新形式，以利更加广泛、深入、及时地听取群众的意见、要求和批评。"在《中共中央关于加强和改进党的作风建设的决定》(2001)中提出："健全联系群众的制度，是新形势下坚持党的群众路线的重要课题。要拓宽反映社情民意的渠道。"尤其在十八大之后，在《中共中央关于在全党深入开展党的群众路线教育实践活动的意见》(2013年)中再次提出："群众路线是党的生命线和根本工作路线。"要求在全党深入开展以为民务实清廉为主要内容的党的群众路线教育实践活动，这对于赢得人民群众信任和拥护，巩固党的执政地位，具有十分重大的意义。十八届三中全会提出："协商民主是党的群众路线在政治领域的重要体现。"可以说，通过创新逐步形成一整套针对性和可操作性都比较强的密切联系群众的制度，仍然是当前落实群众路线最重要的任务。

在经济转轨、社会转型、利益格局发生变化和群众参与热情高涨的今天，落实党的群众路线，仅仅依靠传统的走访了解、调查研究、群众接待和信访等方式已经难以满足群众的要求，群众对沟通的需求和被尊重的感受要求越来越高，需要新的制度载体保证群众路线的落实。变化了的社会现实要求相应的制度变革，究竟怎样才能创新联系群众的新渠道和新形式呢？十八大提出："要完善协商民主制度和工作机制，推进协商民主广泛、多层、制度化发展。通过国家政权机关、政协组织、党派团体等渠道，就经济社会发展重大问题和涉及群众切身利益的实际问题广泛协商，广纳群言、广集民智，增进共识、增强合力。"十八届三中全会也提出："在党的领导下，以经济社会发展重大问题和涉及群众切身利益的实际问题为内容，在全社会开展广泛协商，坚持协商于决策之前和决策实施之中。"要求拓宽协商渠道，深入开展社会协商。十八大和十八届三中全会对建立社会协商的设想是落实群众路线的努力方向，沿着这个思路，群众路线和协商民主可以在理论上得到有效的结合。另外，要以社会协商对话的形式来化解矛盾和联系群众，就要使协商和对话成为一种制度化的过程，要"推进协商民主广泛多层制度化发展"，只有把协商建立在制度化的基础上，群众路线的落实才能得到保障。一些国外的协商民主制度设计在很多国家得到实践，已经被证明是了解群众需求,促进相互沟通,增加相互尊重的有效方式,可以把这些制度形式引入到中国,作为落实群众路线的制度创新。①

三、协商民主在我国运用的现实基础

当我们在建构一种制度时,并不是已经意识到它的优点,而是在意识到其优点之前,它已经存在人们的生活之中了。同样,把协商民主运用到中国,也并不仅仅是意识到它的优点,而是在意识到之前。我国 20 世纪 90 年代以来,已经自发创新了一些"协商性民主"形式,主要有民主恳谈会、公民评议会②、社区议事会③和社区议事园④等。这些创新的"协商性民主"形式都有一些共同的特征:在下结论之前,鼓励公民参与并畅所欲言;参与者有少量尽管并不充分的时间参与讨论;在协商的过程中,尽管有不同意见,参

---

① 虽然群众路线为协商民主的运用提供了支持,但如果仅仅把协商民主拘囿在"群众路线"的语境内,协商民主的作用还没有充分发挥出来。因为,"群众路线"主要是处理上和下(群众)关系的方式,群众仅仅是受尊重和被协商的对象,群众的意见可以受到重视,但不具有法定的权威和约束力。其意见是否得到采纳,如何采纳,完全由上定夺。也就是说,群众只是决策者的信息来源之一,他们本身不是决策者,只是被动地卷入决策的过程,只有改被动的群众身份为主动的公民身份,协商民主的意义才能凸显出来。(参见丛日云:《当代中国政治语境中的"群众"概念分析》,载《政法论坛》2005 年第 2 期)

② 公民评议会在许多地方的乡村和城市都出现过。这种会议的目的就是给普通的百姓一个评价地方干部业绩的机会。一般情况下,公民评议会分为三个阶段:第一阶段,在上级部门监督下,地方领导和部门负责人员就自己的业绩作报告;第二阶段,市民提问题、评议报告、交换意见,并参与对领导业绩的讨论;第三阶段,市民被要求填完评价表,它也被称为信任投票。评价结果会影响地方领导和干部的政治前途。(参见何包钢:《中国的参与和协商制度》,载陈剩勇、何包钢主编:《协商民主的发展》,北京:中国社会科学出版社,2006 年,第 98～99 页)

③ 改革开放以来,国家通过单位直接进行社会控制的管理模式日渐松动,社区逐渐成为社会成员公共生活的基本空间。为了深化社区民主自治管理体制,保障社区成员对社区事务的知情权、管理权、监督权,有的社区成立了议事会。如:上海静安社区的"社区议事会"、杭州德加社区的"居民议事制度"和深圳盐田的"社区议事会"等。社区议事会是社区公民共同参与讨论社区决策的治理形式,享有议事权、提议权、督察权,行使"居民会议"的职能。(参见刘晔:《公共参与、社区自治与协商民主——对一个城市社区公共交往行为的分析》,载《复旦学报》(社会科学版)2003 年第 5 期)

④ 社区议事园是建立在以全体社区成员为主体,以议事会、议事箱、议事厅、议事栏为载体的社区议事机制。社区通过若干议事箱,及时全面收集社区成员反映的生活中遇到的问题和困难以及对社区工作的意见和建议。社区通过议事栏,将议题、讨论过程和反馈情况及时向广大社区成员公布。社区通过议事会,就社区成员近期关心的热点、难点问题,商讨解决对策,人员由社区居委会根据议题邀请居民及有关人员参加。社区通过议事厅召开议事会和接待群众来访,为广大居民群众参政议事提供场所。(参见《居民议事构建和谐社区 鼓楼开展社区议事园活动》,http://news.sina.com.cn/c/2005-06-23/12286250876s.shtml.访问日期:2014 年 5 月 30 日)

与者被要求在相互尊重的基础上交换意见。[①] 在这些创新的“协商性民主”形式中，以浙江温岭的民主恳谈会影响最大。通过对它的分析，可以帮助我们了解协商民主在中国的运用，并不仅仅是理论的假设，而是有着一定的实践基础。正是这些本土原创的“协商性民主”的实践为协商民主在中国的运用提供了现实资源。

民主恳谈会起源于1999年浙江开展的农村现代化教育活动。为了使活动有效，温岭市松门镇举办了“农村现代化教育建设论坛”，采用干部与群众面对面沟通和交流的新形式。“农村现代化教育建设论坛”的目的本来是宣传政策，但论坛设计了让群众发言的环节，结果出现了意想不到的情况，老百姓感慨“都20年没有这样说话的机会了”。温岭市的一些干部不仅把这项活动坚持下来，而且还推广了松门镇的做法，各乡镇出现了形式多样的民主沟通和对话的活动。“农村现代化教育建设论坛”可以说是“民主恳谈会”的雏形。随着民主对话活动不断深入，温岭市的有关领导发现这是基层民主政治建设的新形式，它突破了基层民主仅仅局限于选举民主的阶段，深化了民主的内涵。于是，温岭市于2000年在松门镇召开会议，将各地开展的“民情恳谈”、“村民民主日”、“农民讲坛”等形式，统一更名为“民主恳谈会”，作为全市推进民主政治建设的新载体，作为新形势下基层民主政治建设的方式。

一些学者把“民主恳谈会”的发展历程归纳为三个阶段：第一阶段，“民主恳谈会”发端于改善干群关系。起初，温岭市的领导试图改变干群之间冷漠和紧张的关系，拉近与老百姓的距离，并无具体的政策标的，形式也比较粗放。恳谈会成为老百姓与干部沟通的一个渠道。在指导思想上，这一实践被纳入“政治思想工作”的话语体系。第二阶段，“决策咨询”功能的出现与发展。这是第一阶段的逻辑延伸，在倾听群众意见和了解群众关注的问题之后，下一步就是干部怎样想办法解决问题。这样驱使民主恳谈会朝着决策咨询的功能演进。它以关系到老百姓利益的“政策议题”作为交流和对话的基础，并开始探索相应的决策方式，而不再局限于干群交流之间的一般性沟通功能。在总结经验的基础上，恳谈会的形式也趋于正规。第三阶段，从“民主恳谈会”向“民主听证会”的转型。随着实践的发展，当初“民主恳谈

---

① 何包钢：《中国的参与和协商制度》，载陈剩勇、何包钢主编：《协商民主的发展》，北京：中国社会科学出版社，2006年，第94页。

会”的名称已经无法容纳新的要素，新的实践方式也不再是“思想政治工作”这一术语所能包含。原来的“民主恳谈会”逐渐转型为基层政府决策的“听证会”。这一阶段除了形式发生变化之外，一个新增变量就是在决策咨询时，吸收镇人民代表参加，并在形式上将镇人代会作为最终决策主体，以符合当前政治体制对人大功能的定位。[①]

随着“民主恳谈会”的发展，温岭市逐步将“民主恳谈会”的活动朝制度化、规范化和程序化方向发展，并成为村、镇和市职能部门作出重要事项决策的必经程序。第一，成立“民主恳谈会”领导机构。在温岭各乡镇、各市直部门都成立了以书记为组长的民主恳谈领导小组。该领导小组的主要任务是确定每期民主恳谈会的主题、时间和地点等；主持民主恳谈会；将会议有关情况反馈给有关与会者。第二，加强制度建设。一是民主恳谈会工作例会制度。目的在于完善民主恳谈会的实施机制，研究解决事关全乡镇经济和社会发展的重大事项。二是民主恳谈会的重要建议论证和决策制度。目的在于增强民主恳谈会的教育和服务功能，使决策民主化。三是民主恳谈会挂牌销号处理制度。[②] 目的在于拓宽沟通渠道，解决村民所关心的热点和难点问题，进一步密切干部与群众的关系，为村民办实事。四是民主恳谈会反馈监督制度。目的在于了解民主恳谈后的落实情况和监督。第三，规定操作程序。各种民主恳谈会都有具体的操作程序。[③]

“民主恳谈会实际上是政府决策的公开听证会，官员和公民的平等对话会，也是不同利益群体之间的协调沟通会。”[④]其主要功能是就某些公共政策咨询公民的意见，并找出解决共同关心问题的方法，在化解干群矛盾、协

---

① 景跃进：《行政民主：意义与局限——温岭“民主恳谈会”的启示》，载慕毅飞主编：《民主恳谈——温岭人的创造》，北京：中央编译出版社，第47～48页。

② 挂牌销号制度就是要求工作人员把民主恳谈会上群众提出来的需要解决的问题，以及其他途径反映上来的问题，进行归类、编号、登记和整理后交给镇主要领导签发意见，并予以挂牌。承办人对受理的事情要及时和公正地处理，当事人对处理结果表示满意的予以销号，不满意的重新办理，直到满意为止。（参见谢庆奎：《基层民主政治建设的拓展——论温岭市的“民主恳谈”》，载慕毅飞主编：《民主恳谈——温岭人的创造》，北京：中央编译出版社，第26～27页）

③ 《中共温岭市委关于进一步深化“民主恳谈”推进基层民主政治建设的意见》，载慕毅飞主编：《民主恳谈——温岭人的创造》，北京：中央编译出版社，2005年，第208～216页。郎友兴：《商议民主与中国的地方经验：浙江省温岭市的“民主恳谈会”》，载陈剩勇、何包钢主编：《协商民主的发展》，北京：中国社会科学出版社，2006年，第204～218页。

④ 郭宇宽：《地方政改创新：聚焦浙江温领“民主恳谈会”》，参见 http://news.sina.com.cn/c/2004-02-17/18172886523.shtml.（访问日期：2014年5月30日）

调各方利益和维护社会稳定等方面发挥着重要作用。实际上，在很长一段时间内，中国创新的这种注重普通公民参与讨论的民主决策形式，只是以民主恳谈会等名称存在。虽然有的学者对其重要性进行了充分肯定，如2002年，一些学者到温岭考察了民主恳谈会后，都撰文对这种民主创新形式进行了褒奖。[①] 但是，民主恳谈会所强调的普通公民参与和讨论的特征仍然被局限在改善干群关系、基层民主建设等语境内，这些注重普通公民参与和协商的形式，并没有上升到协商民主的高度。

后来在协商民主范式的影响下，一些学者开始借助协商民主的概念分析中国这种原创性的民主实践。2004年11月，来自海内外的约50名学者和官员参加了"协商民主理论与中国地方民主实践"的研讨会，这意味着协商民主正式与中国地方民主实践接轨，协商民主被一些学者更加自觉地运用于分析民主恳谈会等形式的实践。[②] 2005年，在学者的推动下，温岭泽国镇就当年的建设资金使用安排进行了民主恳谈，相对于以前的实践，这次由于专家的介入，在代表的选择和恳谈的形式等六个环节上进行了改进，使之更符合协商民主的理念。2008年，同样在学者的指导下，泽国镇进行财政预算的民主恳谈会，这次恳谈会被认为是中国协商民主的深化。[③]

虽然中国创新的注重普通公民参与和讨论的民主恳谈会等形式蕴含着"协商民主"的理念，虽然这些本土协商性质的民主实践被纳入到"协商民主"的范式，虽然一些专家开始把国外比较常见的制度设计运用到中国的实践，但是，本书认为，我国目前整体上一些创新的"协商民主"形式和实践还没有完全达到协商民主规范的要求，另外，比较规范的协商民主的实践还只是停留在少数的地方，可以说，我国当前仍然还处于对协商民主的引进和实践扩展阶段。无论怎样，中国本土创新的"民主恳谈会"等形式的实践为协商民主在中国的运用提供了现实基础。可以预期的是，随着十八大和十八届三中全会对基层协商民主的重视，协商民主在我国基层的运用有着更为广阔的空间。

---

① 慕毅飞主编：《民主恳谈——温岭人的创造》，北京：中央编译出版社，第1～93页。

② 吴乐珍：《协商民主理论与中国地方民主实践国际学术研讨会综述》，载《浙江社会科学》2005年第1期。

③ 2008年泽国镇财政预算民主恳谈会引入协商式民意调查方法，斯坦福大学协商民主研究中心的费希金教授指导了这次民主恳谈会。（参见何包钢：《协商民主：理论方法和实践》，北京：中国社会科学出版社，2008年，第176～189页）

第二节 协商民主在我国运用的领域

协商民主已经在很多国家公共治理甚至国家间区域治理等领域得到实践。十八届三中全会提出:“拓宽国家政权机关、政协组织、党派团体、基层组织、社会组织的协商渠道,深入开展立法协商、行政协商、民主协商、参政协商、社会协商”,可以看出,协商民主在中国是有广泛运用空间的。本章主要以人大立法和公共决策领域为对象,论述协商民主在中国的运用领域。

一、协商民主在人大立法领域的运用

(一)公民参与人大立法是人民主权的本质要求

人民主权就是指人民拥有国家最高的、终极的和普遍的自主权力,但是,“人民,所有国家权力应该从此出发的人民,并不构成一个有意志有意识的主体”①,随着现代民族国家的形成,古雅典式的人民主权不具备现实操作上的可能性,必须借助其他的制度设计来实现。经过密尔、洛克等学者的论述,议会逐渐成为落实人民主权的重要场所,人民主权逐渐被事实上的议会主权所取代。虽然,由于每个国家政治体制不同,各国的议会和政府之间的关系也有所不同,但是,如果政府的权力极大地超过议会的权力,民主政治就会受到影响;如果一个国家的议会不能对政府进行有效的监督,这个国家也就没有现代意义的民主政治。议会主权可以说是民主政治制度的首要特性,当今世界,有无独立行使人民主权的议会成为一个国家统治权力来源是否具有合法性的根本标志,“这样一个法律事实,存在于每一个文明国家之中”②。

立法权在现实政治生活中发挥着最重要作用。洛克认为:“立法权是指享有权利来指导如何运用国家的力量以保障这个社会及其成员的权力。”“在一切场合,只要政府存在,立法权是最高的权力……社会的任何成员或社会的任何部分所有的其他一切权力都是从它获得和隶属于它的。”③卢梭也曾形象地比喻立法权的重要性,“政治生命的原则就在于主权的权威。立

① [德]哈贝马斯:《在事实与规范之间——关于法律和民主法治国的商谈理论》,童世骏译,北京:三联书店,2003年,第627页。

② [英]马丁·洛克林:《公法与政治理论》,郑戈译,北京:商务印书馆,2002年,第199页。

③ [英]洛克:《政府论》(下),叶启芳、瞿菊农译,北京:商务印书馆,1997年,第92页。

法权是国家的心脏，行政权则是国家的大脑，大脑指使各个部分运动起来。大脑可能陷于麻痹，而人依然活着。一个人可以麻木不仁地活着；但是一旦心脏停止了它的机能，则任何动物马上就会死掉。国家的生存绝不是依靠法律，而是依靠立法权”①。因此，可以说，立法始终是政治剧场中最有分量和挑战性的工作。

立法权在本质上是属于人民的，“民主政治的一条基本规律就是只有人民可以制定法律”②，“在一个自由的国家中，每个人都被认为具有自由的精神，都应该由自己来统治自由，所以立法权应该由人民集体享有”③。但在代议民主下，公民直接参与立法不得不假借议会以间接的方式行使立法权，“人民对于立法的作用，通常体现为选举权和罢免权。他们通过选出能够代表自己利益和意志的代表，来达到参与立法的目的。一旦代表不忠实地履行自己的职责，有悖民意，在法定条件和程序下，人民可以罢免他们。”④这种间接立法的形式有其优越性⑤，但是在利益多元化的社会中，仅仅靠民选的议员（尤其是多层次间接选举）已经难以反映公众不同的利益需求，必须建立公众直接参与立法的形式以弥补议会在反映民意方面不够充分的缺陷。

从现实的角度看，公民参与立法也是为了解决立法合法性的问题，即立法和公民之间的问题。虽然，我国的人大在国家权力体系中享有最高地位，但是在现实运作中人大的权威却受到很大的限制，其中主要的原因就是经过层层的间接选举，已经抵消了公民对人大代表的认同感，人大代表很难获得独立的合法性，因此，仅仅由人大代表进行立法难免会脱离公民的需求和利益。在通过选举选出对公众负责的代表体制下，如果公民感觉到他们没有获得足够的为立法提意见和参与的机会，如果公民感觉到代表偏离了其需求和利益，他们会在下一次选举中表现不满。但是，在中国近期内，还远远看不到对人大代表的选举方式的改革，即人大代表的合法性和所承受的选举压力在短期内不会有重大改善的情况，因此，只能从另一方面，也就是

---

① ［法］卢梭：《社会契约论》，何兆武译，北京：商务印书馆，1997年，第117页。

② ［法］孟德斯鸠：《论法的精神》（上册），张雁深译，北京：商务印书馆，1982年，第12页。

③ ［法］孟德斯鸠：《论法的精神》（上册），张雁深译，北京：商务印书馆，1982年，第158页。

④ 李林：《立法机关比较研究》，北京：人民日报出版社，1991年，第6页。

⑤ 汪全胜：《立法听证制度研究》，北京：北京大学出版社，2003年，第15页。

在立法的过程中扩大公民的参与来提升立法的合法性和质量。[①]

(二)我国当前公民参与人大立法的不足

我国1982年《宪法》第二条规定:"中华人民共和国的一切权力属于人民。人民行使国家权力的机关是全国人民代表大会和地方各级人民代表大会。"[②]既然"中华人民共和国的一切权力属于人民",当然也包括立法权在内。公民对立法权的行使不仅仅是通过选举委托代理人来行使,而且也包括公民自己亲自参与立法。《中华人民共和国立法法》第五条规定:"立法应当体现人民的意志,发扬社会主义民主,保障人民应当通过多种途径参与立法活动。"第三十四条规定:"列入常务委员会会议议程的法律案,法律委员会、有关的专门委员会和常务委员会工作机构应当听取各方面的意见。听取意见可以采取座谈会、论证会、听证会等多种形式。"第三十五条规定:"列入常务委员会会议议程的重要的法律案,经委员长会议决定,可以将法律草案公布,征求意见。各机关、组织和公民提出的意见送常务委员会工作机构。"[③]可以说,我国公民参与人大立法是中华人民共和国一切权力属于人民的本质要求,并且这种要求在法律上得到认可。虽然人大在国家权力体系中享有最高地位,但在现实运作中其权威却受到限制,抵消了公民对人大代表特别是全国人大代表的认同感,因此,仅仅依靠人大代表进行立法难免会脱离公民的需求和利益。在中国近期内,还远远看不到对人大代表选举方式的改革,即人大代表的认同在短期内不会有重大改善的情况,因此,在立法的过程中扩大公民参与,并以此来提升立法的合法性和立法的质量是我国立法中需要解决的问题。[④]

实现公民的需求和利益是立法的目的,公民参与立法的逻辑体现了人民主权的根本要求,因此需要相关的制度设计和运作程序来保障公民参与立法。实际上,我国目前有很多公民参与立法的形式,如立法座谈会、立法听证会、公民列席与旁听立法、对立法内容进行实地调研听取民众意见以及通过书面或网上的方式征求意见等,但是,这些公民参与立法的形式,大都

---

① 陈端洪:《立法的民主合法性与立法至上》,载《中外法学》1998年第6期。

② 参见1982年《中华人民共和国宪法》,http://www.gov.cn/gongbao/content/2004/content_62714.htm.(访问日期:2014年5月30日)

③ 参见《中华人民共和国立法法》,http://www.gov.cn/test/2005-08/13/content_22423.htm.(访问日期:2014年5月30日)

④ 陈端洪:《立法的民主合法性与立法至上》,载《中外法学》1998年第6期。

是延用了传统单向度的方式进行意见的汇集。不可否认，这种方式发动广大群众直接参与立法，在一定程度上增强了立法的民主，调动了参与的热情，有一定的实践效果。但是，这种单向度的公民参与立法过程中，公民处于消极被动的地位，这样无论其征询的对象多么广泛，都是以“背靠背”的方式进行，公民参与立法过程中缺乏彼此之间面对面的、真正制度化的沟通、审议与辩论。① 我国在立法民主方面近年来有所进步，借鉴了其他国家听证会的做法，促进了立法中的公民参与，但有时候立法听证会仅仅是为了说明或展示已经确定的立法内容，仍然存在立法推广的思维，工具性色彩在立法过程中并没有得到根本性的消除。现实立法听证会中存在听证代表和听证内容被安排的痕迹，尤其一些地方的听证会被质疑“演戏作假”和缺乏吸引力，甚至有些听证会成为推卸责任的工具，与立法内容利益相关的公民参与协商的机会依然缺乏，立法听证会的问题是没有进行实质性的双向交流、讨论和审议。因此，由于制度化交流、讨论和审议的缺乏使得立法听证会未能最大限度发挥其应该达到的作用。

（三）协商民主对我国公民参与人大立法的启示

审议、沟通与辩论是公民参与立法的重点，衡量立法民主的程度，就要看一部法律在最终表决前所经历的全部沟通、辩论和审议的过程。“讨论是消除有限理性影响的一种方式，因为我们的想象和计算能力是有限和易犯错误的。所以，面对复杂的问题，每个人都希望通过讨论而集中其有限能力，并增加做出最佳选择的几率。”②罗尔斯认为：跟别人沟通能够制约我们的偏执之心，开阔我们的视野。我们天生就是要从别人的角度看问题。这样，我们就看到了我们视野的种种局限性。……讨论带来的益处在于，具有代表性的立法人员的知识和推理的能力都是有限的。没有谁了解他人所知道的一切，或者能够作出他们所能一致作出的推理。辩论就是一种将信息跟扩大议论范围相结合的方法。③ 哈贝马斯也认为：“一个理性的政治意志（立法）形成过程的条件，不仅要在单个行动者之动机和决策的个人层面去

---

① 孙琬钟：《立法学教程》，北京：中国法制出版社，1990年，第161页。

② ［美］詹姆斯·D·费伦：《作为讨论的协商》，王文玉译，载陈家刚选编：《协商民主》，上海三联书店2004年，第7页。

③ ［美］罗尔斯：《正义论》，何怀宏等译，中国社会科学出版社1997年，第347页。［美］凯斯·R·孙斯坦：《设计民主：论宪法的作用》，法律出版社2006年，第12页。

寻找,还要在建制化的协商和决策过程的社会层面上寻找。"[1]因此,从社会的层面看,立法的过程就是一个社会参与立法辩论和审议的过程,也是不同意见甚至是冲突观点沟通、交流、竞争、审议甚至质疑的过程。如果公民不参与立法的讨论、审议与质疑,这就无法落实公民参与立法所应具有的权利,这样立法的过程就有可能被一些部门或者利益集团所操控。因此,在公民参与沟通、审议与辩论的立法方面,我国目前还是有着不足,需要加以借鉴和改进。

另外,需要更加尊重我国公民在立法中的主体地位。这是强调立法过程中应有的尊重,通过公民积极参与的沟通、审议和讨论,能够营造一种自由平等的对话氛围,能够确保公民参与者有充分的机会表达自己的观点并对立法结果施加影响,这就保障了立法权在民的本来面目,使之能够接受立法结果的正当性与合法性,即使公民不满意最终的立法结果,但却可以容忍这一结果;即使参与者在沟通、审议和争辩的过程中,无法达成共识,各方仍然有分歧,最后需要票决来进行选择,但至少彼此尊重的态度会为未来的讨论与审议预留了可能的空间。实际上,对立法的服从并不仅仅来自于立法内容的准确无误,立法程序本身的民主和互惠也会对公民的服从产生重要的作用。一个公民亲自参与讨论和审议的立法过程会使得公众信服和产生向心力,也有助于使公众对立法的结果达成一定程度的共识,这样就增加了社会的可预期性和稳定性。有的研究也认为,从心理学的角度看,公民对立法的参与使得立法结果更容易被认同,这已经被经验和心理学所证实,公民亲自参与讨论和审议,会在心理上让公民认为自己的意志体现在立法的过程中和内容上,主权得到了落实和利益得到了表达等,这样制定出来的法律,公民也更愿意服从。由于立法过程中,各种意见和利益都能够得到公开表达,立法所获得的民意和信息量大大增加,立法民主得到实现,另外在讨论和审议的过程中,立法内容越辩越明,深化了对立法内容的认识,这样形成的法律是有民意支持的法律,法律在实施过程中的障碍也会减少。[2] 所以,协商民主所倡导的平等和互惠等,对我国公民参与立法的主体性地位也有启示意义。

---

① [德]哈贝马斯:《在事实与规范之间——关于法律和民主法治国的商谈理论》,童世骏译,北京:三联书店,2003年,第424页。

② 于兆波:《立法决策论》,北京大学出版社2005年,第30～189页。

最后，需要完善我国公民参与立法的程序和制度设计。如何加强立法中的沟通、审议和讨论呢？协商民主强调公民参与立法的程序设计必须注意以下内容：一是参与审议采取辩论的形式。也就是说，提出建议的一方和质疑建议的一方之间要有信息和理由的交换。二是审议必须是包容和公开的。立法参与原则上要求没有任何人被排除在外，所有被立法影响的公民都有同等机会参与讨论。三是审议是排除外在强制的。对参与者的约束仅仅限于沟通的预设和辩论的规则。四是审议排除任何可能有损于参与者之平等的强制性规定。每个人都有平等的机会去被人倾听、去引入议题、提出建议和批评。五是审议可延伸到对所有人同等有利的方式来思考问题，论据所产生共识力量的基础在很大程度上是审议的过程。审议的最终目的在于使得对某项立法选择的背后有着可给出理由的基础，这种情况下，制度化的审议过程对公民意见和意志的形成具有重要作用。① 实际上，在具体的制度设计方面，如前所述，协商民主已经发展出共识会议、协商式民意调查、公民陪审团和愿景研讨会等多种形式，并且已经在许多国家进行了实践，这些协商式的制度设计把对立法的讨论扩展到普通公民参与的范围，这些具体的制度设计对协商民主在我国立法领域的运用具有借鉴意义。

二、协商民主在公共决策领域的运用

（一）公民参与公共决策是民主行政的必然要求

“今天，政府做出公共决策的方式发生了重要的变化。人们已经不能再接受这样的观念，即政府的公共政策是由那些掌握权力，声称代表公共利益，但拒绝公民参与政策的少数领导人制定的。今天，除非公民参与的要求得到政策制定者的充分重视，否则，如果大多数公众对公共政策过程十分冷漠、麻木不仁甚至是极力反对，那么，政府的决策制定会被证明是毫无意义的。”②但是，公民参与公共决策并不是一开始就获得了认同。20 世纪初，公共行政理论家认为“政治是国家意志的表达，行政是国家意志的执行”③，公共行政如果不能脱离政治的干扰，就不能有效地发挥应有的功能。从“两分

---

① ［德］哈贝马斯：《在事实与规范之间——关于法律和民主法治国的商谈理论》，童世骏译，北京：三联书店，2003 年，第 379～380 页。

② ［美］约翰·克莱顿·托马斯：《公共决策中的公民参与——公共管理者的新技能与新策略》，孙柏瑛等译，北京：中国人民大学出版社，2005 年，第 1 页。

③ ［美］古德诺：《政治与行政》，王元、杨白朋译，北京：华夏出版社，1987 年，第 11 页。

论"的观点来看，公民参与应该仅仅局限在界定"国家意志"的政治领域，公民通过选举对政策制定者施加压力，投票被看作是对公共政策进行民主控制的工具。行政管理作为一项技术性的职业，不需要价值判断，应该与政治绝缘，行政管理应该是职业化的行政，而不是民主化的行政——即公民参与的行政。"这是一个科层制的、自上而下的行政和民主责任模式，公共决策一旦形成，权力影响力应从选任的政策制定者自上而下地流向行政管理者，再流向公众。这里并不存在影响力的逆向流动，即同时也允许来自公民的影响力经由行政管理者沿科层体系的向上流动。"①

直到20世纪60年代，"新公共行政"理论认为，管理者并不仅仅扮演公共政策执行的角色，相反，还经常介入公共政策的制定。因为，民选的政治官员通常要求行政管理者提建议的方式，使其介入到政策制定过程中。还有，行政人员在执行公共政策的过程中，由于公共政策无法决定它们自身适用的范围，"当行政人员决定以一种特定的方式执行公共政策时，这个决定也是对公民所实施的公共政策的一部分。通过行政人员对公共政策的诠释和执行，他们绝非仅仅是管理者而已，他们不断地把一些东西加入到公共政策里面去"②。因此，"行政管理者经常'界定'政策，并且行政的运作方式使得'行政'笼罩范围很大，而'政策'笼罩范围很小，行政性权威不断加强"③。

随着行政权力不断把公共权力"殖民化"，人们开始质问既非民选又非任命的行政官僚为何有权为社会做权威性的价值分配，民主的重点转向行政领域。"从前，民主被认为是针对专制主义而实行的，这种专制主义具体表现在国王、贵族成员和高级教士身上。但渐渐地，政治统治被非人格化了；民主化现在要努力克服的不是真正的政治抵抗，而是分化出来的行政系统的系统迫令。"④因此，当代民主化就是大力发展行政民主，看一个国家的民主化程度，不仅要看其代议民主的实际运作，还要看其行政民主的程度，即公民直接参与公共决策和管理公共事务的程度。在公民参与的浪潮中，

---

① ［美］约翰·克莱顿·托马斯：《公共决策中的公民参与——公共管理者的新技能与新策略》，孙柏瑛等译，北京：中国人民大学出版社，2005年，第16页。

② Terrence Kelly. Unlocking the Iron Cage: Public Administration in the Deliberative Democracy Theory of Jurgen Habermas. *Administration & Society*, Vol. 36(1), 2004, p. 47.

③ ［美］约翰·克莱顿·托马斯：《公共决策中的公民参与——公共管理者的新技能与新策略》，孙柏瑛等译，北京：中国人民大学出版社，2005年，第19页。

④ ［德］哈贝马斯：《在事实与规范之间——关于法律和民主法治国的商谈理论》，童世骏译，北京：三联书店，2003年，第627页。

协商民主对自由主义民主进行了批判，并认为公共决策只有经过公民的对话、沟通和讨论后，才具有合法性。

（二）我国公民参与公共决策存在的问题

著名公共行政学者凯登认为，东方或西方国家均可发现行政傲慢、无效能、无效率和行政帝国主义等现象，其根源在于国家常常以“国家主义”、“精英主义”或“集权主义”等方式对社会进行过分的控制。[①] 我国作为社会主义国家，其本质是要求以“社会至上”为主义的国家，让社会的主体——即人民在公共决策中享有直接参与的权利，按说不应该出现行政帝国主义等异化现象。但在计划经济体制下，国家几乎垄断了全部资源，社会被国家所吸纳，丧失了独立自主性。普通公民由于对政府的完全依赖，既没有维护自身利益的愿望，也没有维护自身利益的能力，造成了公民在公共决策的过程中没有置喙之地。另外，高度的计划经济体制要求庞大的管理机构，打碎了旧的官僚机构却又需要重新构造新的“科层化”和“等级化”的官僚机构，从而助长了官僚主义和行政命令的盛行，进一步钳制了公民对公共决策的参与。[②] 随着改革开放的深入，社会分层、利益分化和价值多元的社会初步形成，国家与社会扭曲的关系也逐步改变，社会的自主性慢慢增强，这些变化为公民的参与提供了基础。为了适应形势的变化，各级政府对公民参与公共决策也进行了许多有益的探索和实践，但是仍然存在着一些问题。

首先，公民参与程度有限，公共决策合法性不高。虽然我国不断强调公民在公共决策中的参与，但在具体的公共决策过程中，精英主义仍然起着决定性的作用，社会力量对公共决策的影响很小，公民仍然无法抗衡国家主义和集权主义对社会的侵蚀。公共决策基本上不是公民与政府互动的过程，而主要是在政治体制内的精英互动的结果，精英特别是主要领导人比较容易把个人的价值观念、长官意志和行为方式融合到公共决策的过程中，公民参与的程度是有限的。[③] 另外，行政人员应该以公共利益为取向，但是，在“官本位”思想的影响下，官员往往把决策的权力看作“自留地”，以自己的利

---

① Gerald E. Caiden. *Administrative Reform Comes of Age*. New York: Walter de Gruyter, 1991. p. 1.

② 吴春波编译：《官僚制统治》，北京：民族出版社，1988 年，第 86～102 页。

③ 胡伟：《政府过程》，杭州：浙江人民出版社，1998 年，第 255 页。

益为取向。[①] 这种情况下,政府官员容易追求“装饰性”的公民参与,在公共利益的名义下,借公民参与之名,谋部门利益之实。这种后果是恶劣的,因为从系统论的观点看,公共决策的过程通常包括输入、转化和输出三个阶段,公民有限程度的或虚假的参与就意味着,在输入阶段人民的利益和需求表达得不够充分,不能有效进入公共决策的利益整合过程中,从而使输出的公共政策缺乏民意基础,偏离了人民的利益,挫伤了人民参与的积极性,降低了公共政策的合法性。

其次,公民和行政人员参与意识缺乏,两者合作不够。从历史的角度看,我国长期的君主专制培养了老百姓的“顺民”思维,压抑了老百姓公共参与的意识,导致了老百姓对公共事务的冷漠。从现实的情况看,即使一些官员在压力下,不得不寻求公民的参与,但在实际决策的过程中也是抱着“父母官”对人民恩赐的心态,从意识上排斥公民对自己决策权的限制,公民感觉不到应有的尊重、参与的权利和对公共决策的影响,参与也往往流于形式。“参与孕育参与,民主滋养民主”。当公民认为参与能够影响决策时,就会表现出较强的参与意识,反之亦然。因此,虽然自改革开放以来,我国公民参与公共决策的深度与广度都有了很大提高,但是,许多公民参与决策的主动性较低,意识还很淡薄,不能把参与权当作自己应有的权利来对待。官员受传统官僚主义的影响,从意识上还不能转变“为民作主”的“父母官”思想,还难以接受“群众”对自己权威的挑战。另外,两者之间缺乏有效的沟通渠道,加剧了官员与公民之间紧张的关系。

第三,公民参与渠道较少,公共讨论不足。也许有人认为,当前我国公民参与公共决策的渠道并不少,如有信访、接待日、座谈会、××热线、××信箱、行政听证会等。但这些参与渠道沿袭了群众路线的方式,行政人员并不愿意与公民分享决策的权力,公民是以消极和被动的角色参与决策的过程中。既然强调公民参与,就要把公民置于公共决策的重要位置,提供公民真正参与公共决策的渠道,让公民真正表达对政策议题的建议。因此,对行政部门而言,应该将公民参与纳入政策制定的核心,在行政人员和公民的对

---

① “现代化的精英们几乎总是公开赞扬和宣传更广泛的政治参与的优点。但是,这种普遍的态度反映在其行动和政策上的程度则不相同。就参与对精英本身以及政策的支持而言,大多数政治精英无疑期望从广泛的参与中捞到好处。但就参与对其权力的限制、争取支持所耗费的时间和精力以及参与会产生对有限资源的再分配的要求而言,他们就不愿为此付出代价了。”(参见[美]亨廷顿:《难以抉择——发展中国家的政治参与》,汪晓寿译,北京:华夏出版社,1989 年,第 31 页)

话中，赋予公民一定影响公共决策的权力。这样的参与渠道在我国还是比较少的。参与渠道有限的情况下，公民和行政人员之间不能进行真诚的沟通，公民的意见无法进入到决策的过程，时间久了，矛盾一旦激化，公民往往通过集体越级上访、大规模社会抗争等其他极端方式表达他们的诉求。[①] 当前，我国各地突发的农民或市民大规模自发性群体抗争事件已经吸引了政府和学界的共同关注，如何拓宽参与渠道，加强公民和行政人员的沟通与对话，让公民发出真实的声音是一个急需解决的问题。

(三)协商民主对我国公民参与公共决策的启示

协商民主通常是针对当代民主中普遍存在的糟糕的公共决策提出的，作为一种阐释公共决策合法性的理论，协商民主对于中国公民参与公共决策具有理念和制度上的启发与借鉴意义。

首先，协商民主通常被看作是一种新的决策形式。德雷泽克(John S. Dryzek)认为政策科学必须与强调沟通理性的参与式民主相结合，才能摆脱工具理性的控制，和协商民主联手的“参与式民主的政策科学”，不同于有精英控制政策过程的“独裁式”或“暴政”政策科学，也不同于以简单多数决定和依靠政治力量大小分配好处给利益团体的“自由主义式民主的政策科学”。[②]协商民主这种参与式民主政策科学主张公民公平地参与公共决策，这意味着在公民参与公共决策的协商过程中，每个公民必须得到可以自由出席(作为协商的参与者)、提出论述(进行话语表达的行动)、进行辩论(针对议题的论述与反驳)和最后决定(影响集体共识)的机会。下列条件可以保证公民能够公平地参与决策协商：第一，每一个人认为他可能受到协商议题结果的影响时，要有平等的机会参与讨论；第二，每一个讨论的参与者，必须具有平等的机会提供可理解的、真实的和规范的有效论述理由；第三，每一个讨论的参与者，必须具有平等的机会去挑战和质疑他人所做出的可理

① 导致群体性事件的原因之一，就是中国现有政治体制缺乏有效的机制来缓和与化解民众和政府的冲突，这就不可避免地使一些民众走极端路线。当然，民众可以通过信访(上访)、行政诉讼，找人大代表和寻求媒体帮助来寻求正义，但是，这些机制作用有限，信访(上访)成功的概率是千分之二；中国每年十万件行政诉讼案(即民告官)，大约有三万件左右是民胜官败；另外，人民代表和媒体能起的作用也是有限的。(参见裴敏欣：《抗争会否导致中国大乱》，2004 年 9 月 8 日《苹果日报》。

② John S. Dryzek. *Discursive Democracy: Politics, Policy, and Political Science*. New York: Cambridge University Press, 1990, pp. 114-123. 约翰・德雷译克：《谈论式民主——政治、政策科学与政治学》，黄维明译，台北：群学出版有限公司，2009 年，第 147～176 页。

解的、真实的和规范的有效论述理由;第四,每一个讨论的参与者,必须具有平等的机会去影响如何达成有效的最后决定,以及决定中止讨论(即判定没有任何共识存在的情况)。[①] 为了防范公共权力的殖民化,协商民主排斥精英分子对公共决策议程的控制,强调普通公民的公平和平等的参与,主张公民对公共决策的深度参与,而这一点恰恰是我们所欠缺的。

其次,我国仍然是精英主导公共决策的过程,公共决策在公民参与以前就已经被结构化了,普通公民的缺位使公共决策的合法性遭到质疑。实际上,我国公共决策合法性不高的最重要的因素还是缺乏公开的普通公民与行政人员、专家之间进行的意见交换、沟通、讨论、聆听、思考和判断,即参与者不能够把公共决策和共享的价值规范连接起来,并且以说理的方式来进行论证。协商民主在这方面给我们以启示,因为,"协商民主更像是公共论坛而不是竞争的市场,其中,政治讨论以公共利益为导向。在协商民主模式中,民主决策是平等公民之间理性公共讨论的结果。正是通过追求实现理解的交流来寻求合理的替代,并做出合法决策"[②]。这促使公共决策由注重少数精英的权力、知识和金钱转到注重普通公民的公共讨论和协商的力量。公民运用公共批判性协商和理性思辨来做出具有公共约束力的决策,这种参与式的公共决策模式建立了公民与政策产出之间的联系,强化了公民与政策立法过程之间的关系,改善了决策的品质,促成更加合理的民主制度。

第三,公民和公共行政人员的参与意识都不是与生俱来的,只有通过实践才能学会参与。公民在参与公共决策的过程可以强化其政治效能感,减少对权力的中心的疏离感,培养了公民对公共事务的关心。[③] 公民冷漠和被动性格的形成与缺乏必要的真实的参与机会有关,如果公民知道存在着有效地参与决策的机会,就会认为参与是有价值的,就会积极地参与。相反,如果人们不断被边缘化,就可能认为他们的观点很少得到认真对待,很少在一个公平的过程中得以评估。对公共行政人员来说,参与性结构中的经历可以有效消除个人身上非民主的态度倾向。参与性的结构要他们放弃

---

① Thomas Webler. "Right" Discourse in Citizen Participation: An Evaluative Yardstick in Fairness and Competence in Citizen Participation. *Technology, Risk and Society*, Vol. 10, 1995, pp. 35-86.

② [澳]卡罗琳·亨德里克斯:《公民社会与协商民主》,郝文杰、许星剑译,载陈家刚选编:《协商民主》,上海:上海三联书店,2004年,第125页。

③ [美]卡罗尔·佩特曼:《参与和民主理论》,陈尧译,上海:上海世纪出版集团,2006年,第97～104页。

"父母官"和"草民","干部"和"群众"的思维,不能把"觉悟低"、"能力差"等作为排除公民参与决策的借口。为了寻求真实的参与,公共行政人员必须先改变他们的习性,应该是他们更主动接近公民,而非要求公民来配合他们制定政策;另外,公共行政人员和公民常常是作为相互陌生的人介入到公共决策中,他们必须学会彼此合作,应该表现出"无条件的建设性",即任何一方都应该对公共决策抱有建设性的态度,努力争取结果,公共行政人员能够认识到以什么样的方式与公民合作以及分享权力,就会大大提高公民参与公共决策的成功率。[①] 协商民主强调:沟通和对话才是双方合作的基础。如果公共行政人员愿意使公民成为自己真正的伙伴,愿意一起搞好公共决策,愿意一起为之思考,那就不该满足于强迫命令,而应该在相互信任的气氛中对话和沟通,因为,公民很少能被强制住,但是他们可以被说服。公民参与公共决策的最大障碍就在于公共行政人员和公民之间缺乏真诚的对话与沟通,公共行政人员不应把自己看作是一个命令的发出者和照章办事的执行者,而应该把自己看作一个对话者、一个倾听者。为了在公民参与公共决策的过程中实现有效的沟通,公共行政人员首先要成为一名优秀的倾听者和沟通促进者。在公开的讨论和对话中了解到对方的价值与偏好,了解到彼此的差异,并且试图寻求彼此都可以接受的方案,促进双方的相互尊敬和信任,认识到只有通过合作才可能实现自己的目的。参与意识是公民参与公共决策的基石,双方的合作决定了公共决策的质量。我国公民参与意识与双方合作精神的缺乏阻碍了公民参与公共事务,协商民主恰恰为培养我国公民与公共行政人员的参与意识与合作精神提供了途径。

第四,参与渠道是公民借以进入公共决策过程,影响或决定公共决策的具体途径、方式或手段。如果从公民参与权的角度讲,任何一种公民参与渠道的实施,其最终目的都在于通过一定途径对那些关系到公民的决策施加影响,从而维护自身的权利和利益。以政策接受和支持为目的的公民参与渠道的设计,在于促进公民对公共政策的理解和接受,从而保证政策的顺利执行。毫无疑问,这类政策议题如果没有公民的广泛支持和合作,就根本得不到有效实施。因此,只有当公民经历与行政人员的深度双向互动和充分对话,深入了解公共政策的目的,并将公共政策的制定和执行过程视为决定

① [美]约翰·克莱顿·托马斯:《公共决策中的公民参与——公共管理者的新技能与新策略》,孙柏瑛等译,北京:中国人民大学出版社,2005年,第117页。

自身生活质量的一部分时,公共政策目标才能够达成。[①] 因此,在参与渠道的设计中,就应该注重公民的深度参与,公民和行政人员的互动,以及倾听公民声音的要求。在这方面,协商民主不但为公民参与公共决策提供了理论上的论证,经过十几年的发展,协商民主的倡导者创新出公民参与公共决策的渠道,不同于传统的以收集信息为基础的公民参与形式,这些渠道放弃了原来排他性的控制,使得普通公民对公共决策具有实质影响力,并且特别强调参与者之间的沟通和讨论,允许合作关系的发展,如以协商式民意调查为例,对当前中国的公共决策具有重要的意义,因为在像中国这样的社会,"民意测验可能是听取公民呼声的唯一途径,而调查反馈又众所周知地不可信,因此重新设计民意形成的机制更为紧迫"[②]。协商式民意调查可以减轻理性无知的问题,提供给参与者充分的信息和辩论的场所,找出协商后的民意,以这种方式所获得的民意,可说是较为准确和知情的民意,用来作为公共政策制定的参考依据是有帮助的。

第三节　协商民主在我国运用的作用与局限

选举和协商是实现民主政治的两种形式,选举不否定协商,协商也不否定选举。但在现实条件下,选举民主在中国的推进面临着困境。这种情况下,协商民主在中国的运用可以在一定程度上缓解选举民主的压力,弥补选举民主的赤字。另外,协商民主在化解干群矛盾和深化基层民主等方面也发挥着作用。当然,由于现实环境的制约,协商民主在中国运用的最大局限就是,由于缺乏选举的授权,官员不能真正体会到手中的权力是人民赋予的,不能保证官员会真心实意地与公民进行协商,这在一定程度上会影响协商的动力和真实性。

---

① 孙柏瑛:《公民参与形式的类型及其适用性分析》,载《中国人民大学学报》2005年第5期。

② [美]伊桑·J·莱布:《美国人民协商制度的设计理念》,张明译,载陈剩勇、何包钢主编:《协商民主的发展》,北京:中国社会科学出版社,2006年,第170页。

一、协商民主在我国运用的作用

(一)缓解选举民主的压力

1.我国当前面临选举民主的压力

无论怎么界定民主,其最本质的含义都是"人民当家作主"。在现代民主国家的结构下,落实"人民当家作主"最重要的手段就是"选举"。虽然我们不能说拥有了"选举"就拥有了民主,但是"选举"是民主政治不可或缺的一环。按照能够提供给人民作出真正选择的程度,选举可以简单地分为四类:竞争性的选举(competitive elections);一党支配的选举(dominant-party elections);只能选择候选人的选举(candidate-choice elections,即候选人由执政者确定,反对者没有机会提名为候选人)和无选择的选举(acclamatory elections)。如果就选举的本质而言,只有竞争性的选举才能说是真正的民主,一个理想和真正的选举应该具备以下特征:所有成年人都享有投票权;每一张选票的影响力是一样的;选举地点和间隔时间是合理的;选举要为选民提供实质性的选择,没有任何主要社会力量被剥夺组成政党和提名候选人的权利;候选人可在免受恐惧的环境下自由表达见解和进行竞选宣传,选民可以对候选人进行自由讨论并进行自由秘密的投票;选举过程中所有候选人都得到公正的对待,选票必须受到尊重等等。[①] 在全球范围内,很多国家民主政治发展的过程,其实就是在很大程度上逐渐争取符合上述标准的选举制度。

在历史上,我国在传统封建主义社会形态后,并没有经历过一个完整的资本主义社会形态,传统封建主义的消极因素并没有经历过资产阶级革命的彻底清理,在半殖民地和半封建社会的基础上发展了"强官僚—弱社会"的资本主义。由于1949年以前,资产主义的政治和经济形态并没有建立和完善,在计划经济时代,我国传统的社会主义实践中不需要形成独立的利益诉求,中国也就缺乏多元竞争的政治压力。不可否认的是,我国自20世纪70年代改革开放以来,在落实公民的选举权方面已经有了很大进步,尤其是基层自治的选举更是被认为中国民主政治发展的基础。但是,中国目前的选举制度还缺乏竞争性,而广大民众对竞争性选举的要求却是存在的,我

---

① 蔡子强:《选举制度与投票行为》,载郑宇硕、罗金义主编:《政治学新论:西方学理与中华经验》,香港:香港中文大学出版社,1997年,第171~172页。

国越来越面临竞争性选举民主压力。

这是因为,随着改革开放的深入,计划经济体制下国家与社会高度一体化的传统政治结构开始松动,旧的单一利益格局逐渐被多元的利益格局所代替,并且带动了社会结构的多元化。经济、利益和社会结构的多元化逐渐要求进入政治结构,并要求政治结构与此相适应,但在政治结构坚持一元化的情况下,两者之间产生了巨大张力。[①] 虽然,在这种压力下,高度一元化的传统政治结构开始松动,如不得不依靠吸收私营企业主等新生阶层入党来强化中国共产党对社会多元利益的整合能力[②],但是,随着社会阶层分化,民众利益多元,价值分歧产生,公民参与意识觉醒,这不能从根本上化解对竞争选举民主需求的压力。“民众对‘确认性选举’或‘安排式选举’越来越反感,由于对选举不公或形式化的选举而产生的‘厌选’情绪不断增长,在选举过程中甚至还出现了一些极端现象。而选民对真正的差额选举、选民与候选人的见面和互动、实现竞选的民主的愿望却日益强烈。”[③]可以说,我国当前面临着非常大的竞争性选举民主的压力。

2.选举民主在中国的困境

选举是实现民主的重要环节,我国目前对选举的诉求也日益强烈。但是,中国现在民主政治的发展有着明确的价值取向,不鼓励竞争式的选举民主,而是追求一种可控的选举民主,也就是在中国共产党可控的范围内,逐步推行直接选举民主,通过选举来理清权力的授受关系。这种选举民主发展的策略是优先发展基层选举民主,逐步推进地方选举民主,最后实施国家选举民主。这种途径已经随着基层民主的自治而展开,并且取得很大的成绩。但是,从目前看,即使这种可控的选举民主在中国的推进也面临着困境。

第一,推进时间的不确定。1987年彭真在《通过群众自治实行基层直接民主》的讲话中就强调“有了村民委员会,农民群众按照民主集中制的原则,实行直接民主,要办什么、不办什么,先办什么、后办什么,都由群众自己

---

① 韩福国:《商议性民主的中国空间》,载陈剩勇、何包钢主编:《协商民主的发展》,北京:中国社会科学出版社,2006年,第128～129页。

② 在现代化的过程中,社会利益不断分化,这通常会使政治共同体面临多党制的压力,为了缓解这种压力,吸收新的利益阶层入党成为缓解这种压力的一种途径。

③ 黄卫平、陈文:《我国民主政治发展的现实选择——对“竞争性民主”与“协商性民主”的思考》,载肖滨、郭忠华主编:《中大政治学评论》,广州:中山大学出版社,2005年,第39～40页。

依法决定，这是最广泛的民主实践。他们把一个村的事情管好了，逐渐就会管一个乡的事情；把一个乡的事情管好了，逐渐就会管一个县的事情，逐步锻炼，提高议政能力”。[①] 二十年过去了，2006 年温家宝总理在接受欧洲五家媒体联合采访时表示：中国政府坚信，群众通过基层的直接民主形式管理好一个村，将来就可能管好一个乡，管好一个县、一个省，真正体现国家是人民当家作主，但是，中国很大、人口很多，经济不发达，发展又不平衡，现阶段在更高层次上开展直接选举，条件还不成熟。[②] 虽然国家领导人承诺直接选举民主向上推行的可能性，但是目前乡镇一级的直选还不能摆脱违反法律的困扰[③]，难以预期全国直接选举民主的时间表会在哪一天出现。

其实，不仅仅是条件不成熟的问题，向上推进，即使推进到乡镇一级，其产生的影响也是巨大的，因为乡镇选举与村级选举有着巨大差别，其影响范围更广、程度更深刻。虽然在过去的 10 余年里，中国乡镇长进行了一系列的直接选举实践，并被认为真正打开了中国民主化大门。[④] 其动力主要来自于开明的中国共产党地方组织和有魄力的领导干部，每一个地方乡镇长直接选举都是上级党组织精心设计的。从整体上看，中国过去乡镇长直接选举的实践是零散和无序的，过去乡镇长的直接选举仍不过是受党组织控制的孤立事件，这一系列的实践没有得到中央的积极反应，而是采取一种“不宣传、不鼓励、不推动”模棱两可的态度。当然，中央这种态度是有一定好处的，如可以回避意识形态的束缚与左的攻击。

从目前看，中国仍没有推进乡镇长直接选举制度化的迹象。不推行乡镇长直接选举的主要原因在于：村民委员会直接选举与乡镇长直接选举的

---

① 中共中央文献研究室、国务院发展研究中心：《新时期农业和农村工作重要文献选编》，北京：中央文献出版社，1992 年，第 489 页。

② 《温家宝接受欧洲媒体采访 纵论国内外政经大事》，中新网：http://www.chinanews.com.cn/other/news/2006/09-06/785483.shtml.（访问日期：2014 年 5 月 30 日）

③ “宪法和地方组织法明确规定了乡镇长的产生方式和选举程序，即乡长、副乡长和镇长、副镇长由乡镇人民代表大会主席团或者代表联名提名候选人，通过代表大会无记名投票选举产生。在前两次换届选举中，个别地方采取由选民直接选举乡镇长的做法，并把这种做法当作扩大基层民主选举干部的一种尝试，这不符合宪法和有关法律的规定，有关地方已及时进行了纠正。在这次换届选举中，一定要严格依照宪法和地方组织法的规定选举产生乡镇长，避免类似由选民直选乡镇长的情况再次发生。”（参见盛华仁：《依法做好县乡两级人大换届选举工作》，载《求是》2006 年第 16 期）

④ 因为村委会不是一级政权组织，所以村委会的直接选举还难以涉及中国政权的核心体制与结构，而乡镇是中国最基层的政权组织，对乡镇长的直接选举可以说关系到中国政权组织的民主化，因而具有关键意义。

性质有着本质的区别,因为,村民委员会不是一级政权组织,仅仅是群众自治组织。因此,村民委员会的直接选举不会冲击到中国的根本政治结构和党的地位,而乡镇政权是中国最基层的政权组织,乡镇政权的民主化与中国政权的民主化之间有密切的关系。一旦乡镇长可以被直接选举,必然要求县级、省级乃至中央政府领导的直接选举。尤其随着村委会选举的推进,造成了党政(村党支部与村委会)之间、上下(乡镇政权与村委会)之间的矛盾,目前看来还没有妥善的解决办法。这种态势下,乡镇长的直接选举必然导致党政(乡镇党委与乡镇)关系、上下(县政权与乡镇权)关系的紧张,从而进一步威胁中国共产党的执政体系。另外,在村委会直接选举中,利用宗族势力可以有效地动员老百姓的参与,但是,乡镇的地理范围较大、人员较多、利益较广,在直接选举中的竞争也会更为激烈,这种情况下,宗族势力难以有效发挥作用,而要想对选民进行有效的组织和动员,就必须借助组织的力量作为选举的工具,这样极有可能诱发有组织力量的兴起。因此,中国共产党目前可能还很难下决心推进乡镇长的直接选举民主。民主仍然需要推进和实践,但民主只有在下列情况下才有可能发生:假如有一套制度,能够提供合理的期望,使得主要的政治势力的利益不会在民主竞争中受到高度不利的影响,且资源仍能控制在那些势力手中。[①] 中国的一切改革都离不开中国共产党的主导,中国的民主政治发展关键还是要看中国共产党高层领导的态度,没有中国共产党高层领导的支持,民主政治的改革难以起步。

第二,可能导致国家的分裂。即使直接选举民主向上推行的困难解决了,实行了省级甚至国家的直接选举,但是,选举民主也会因为本身的局限性而对国家的统一造成威胁。选举民主刚开始是在中国共产党的控制下进行的,但选举一旦推行开来,就不再以中国共产党的意志为转移。只要是真正的选举民主,就包含着竞争;只要是真正的竞争就包含着“先分裂、再结合”的逻辑。“先分裂”意味着选举竞争不可避免地对选民进行区隔与分化,即先使其分裂,这是各候选人为争取选票进行种种活动的必然结果。“后结合”意味着当选举结束,分出胜负之后,分裂的选民再度结合成一体,结合为忠诚的国民。“先分裂”容易,“再结合”难,尤其是“先分裂”过程中候选人为

---

① Adam Przeworski. “Democracy as a Contingent Outcome of Conflicts,” in Jon Elster and Rune Slagstad (eds.), *Constitutionalism and Democracy*. Cambridge: Cambridge University Press, 1988, p. 79.

了选票，故意激化国家认同、族群分野和宗教冲突的矛盾，再结合就更难。[①]

尤其是在聚居型的民族国家，这种风险更大。以前苏联社会主义集团的民主化为例，前苏联社会主义集团一共有9个国家：6个单一民族国家；3个聚居型的多民族国家——苏联、南斯拉夫和捷克斯洛伐克。在苏联发生剧变的时候，这些国家出现了不同后果，除东德以外的5个单一民族国家，主要的政治后果就是政党轮替，共产党下台，其他党上台。在另外的3个聚居型的多民族国家，政治转型的后果有两个：一是跟单一民族国家一样，政党轮替，共产党下台；二是国家解体和分裂。因此，有的学者提出了这样的观点：多党民主政体与聚居型的多民族国家是不能兼容的，认为如果中国实行多党的民主直接选举的话，国家就会分裂和解体。[②] 直接选举民主的推进也许不一定导致多党民主政体，但是直接选举民主所蕴含的“先分裂、再结合”的逻辑却是不能忽视的。

另外，我国的统一在很大程度上是通过政党对人事的任命系统控制着，但民主选举意味着自下向上的授权，两者之间有着紧张的关系。[③] 因此，即使选举民主向上推行的困难解决了，我们有什么方法保证有长期分裂主义倾向的新疆和西藏紧密团结在党中央周围？[④] 毕竟在中国的历史上只有治乱循环的教训，而没有成功联邦制的经验。[⑤] 这种民主的成本是否过于

① 许国贤：《民主的政治成本》，载《人文及社会科学集刊》2005年第6期。

② 王建民：《观察中国政治发展的一个视角》（未刊稿），哈佛大学中国道路与中国形象国际学术论坛发言稿，山东大学，2011年10月13日。

③ 潘维、王绍光等：《当代中国政治改革议题学术对话会》，载肖滨、郭忠华主编：《中大政治学评论》，广州：中山大学出版社，2005年，第286～288页。

④ 一般而言，在民主化进程中，一个含有种族、语言和宗教分歧的国家所面临的国家统一的困难要比一个同文共种的国家大得多，如果一个国家的少数民族，可以从同文共种的别国那里得到援助，民主化造成的国家分裂的可能性更大大加强。（参见[美]里普逊：《民主新诠》，香港：新知出版社，1972年，第37～51页）中国新疆维吾尔自治区与中亚五国有着3000多公里的共同边界，还有人口众多和宗教信仰相同的跨界民族，在“双泛主义”——泛突厥主义、泛伊斯兰主义的影响下，中亚五国的维吾尔族分离主义分子积极运用各种方式进行新疆独立运动。西藏问题更为复杂，早已超出国内范围而被国际化了。在印度的“西藏流亡政府”，四十多年来从来就没放弃“独立建国”的活动；1970年在印度成立的“西藏青年会”，其最终目的就是追求西藏的独立，并且主张用暴力的形式争取独立。在联邦制国家结构形式缺失的情况下，选举民主的推进意味着给新疆和西藏的独立提供可能的“合法性”形式，境内和境外的分裂势力必定借助选举的形式加紧分裂活动，中国在选举民主的推进中要防治新疆和西藏地区的分裂，这显然是个很困难的任务。

⑤ 虽然中国在20世纪20年代经历了六年左右的“联省自治”，但作为一种联邦制的尝试完全是失败的。因为在此期间，所谓的联邦制只不过是地方军阀为摆脱中央控制实行武装割据的借口而已。（参见俞可平：《增量民主与善治》，北京：社会科学文献出版社，2005年，第68～81页）

昂贵?

第三,可能导致民主政治的民粹化和庸俗化。公民意识和公民社会是民主政治的基石,公民的素质和民主素养决定着竞争性选举的品质。以中国台湾为例,公民意识和民主素养的缺失,为民进党制造族群冲突创造了条件,为民粹主义的产生提供了土壤。[①] 唯有不愿意被腐化和利用的公民,才会有不敢进行腐化和利用的政治人物,公民意识和民主素养的缺失使民主政治非常容易地异化为民粹主义。

不可否认,现代民主政治是以选举为基础,但是,如果仅仅把民主简化为选举,选举简化为选票,选票简化为多数决定,那么民主政治就会被简化为投票的统计学,这种民主政治的简约主义将会导致民主的异化,在拼选举的情况下,民主的工具意义大于民主的价值意义,选举发生了扭曲,带来民主政治的庸俗化和金钱化。最为明显的就是表演式的政治兴起,在选举的过程中,候选人为了胜选,高度依赖政治包装与形象打造,竞争手段日趋下流,采用互揭疮疤的负面竞选策略以毁坏竞选对手的形象,而忽视了公共政策议题的提出与倡导,忽视了国家的前途与未来。[②]

3. 协商民主可以缓解当前选举民主的压力

一方面,我国社会结构的多元化使非竞争性民主政治的社会基础开始削弱,公民对竞争性民主的需求日益萌动,竞争性民主的社会动力日益增强;另一方面,我国民主政治发展有着明确的价值取向和制度基础,不主张搞竞争式民主,回避民主政治运作程序中的竞争性的价值偏好和制度设计。而这种回避直接影响到对民主政治发展道路的选择,缺少了竞争性的选举,其发展必然存在不足,有可能延缓民主政治发展的进程。[③] 我国民主政治发展的难题是:在不得不告别非竞争性民主,而选举民主又面临着困境的情况下,怎样推动中国的民主政治发展?这个时候,协商民主在中国的运用可以在一定程度上缓解选举民主的压力。

因为,从上面的分析看,协商民主实际上是一种"治权的民主",就是不问统治权力来源这个最基本的问题,只关心立法和公共决策等领域是否民

---

① 江宜桦:《台湾民主意识的变迁与挑战》,载黄俊杰、何寄澎主编:《台湾的文化发展:世纪之交的省思》,台北:台湾大学出版社,1999 年。胡全威:《恶紫夺朱:台湾民主政治中的民粹》,http://old.npf.org.tw/PUBLICATION/NS/093/NS-R-093-001.htm.(访问日期:2014 年 5 月 30 日)

② 许国贤:《民主的政治成本》,载《人文及社会科学集刊》2005 年第 6 期。

③ 林尚立:《协商政治:对中国民主政治发展的一种思考》,载《学术月刊》2003 年第 4 期。

主的问题。协商民主是民主政治的“改良”，而不是“革命”，即不在于变革现行权力结构的安排，将协商的重点转向立法和行政等领域，试图在非竞争性的体制内引进公民的参与，通过公民协商的力量来对抗缺乏“竞争性民主”和“内在合法性”制约的“公”权力。[①] 可以说，协商民主符合我国非竞争性的民主体制，在肯定政府的权威与合法性的前提下，促进公民的参与，主张公民基于公共利益进行平等而自由的对话、讨论、争辩和协商，缩小社会利益群体因不同诉求而产生的偏见。通过公民的协商，可以激发良好意见的表达，增强公共政策的合法性，改善民主治理质量。[②] 因此，在当前选举民主赤字的情况下，借助于体制内现有的资源积极发展协商民主，使人民享有参与的权利，使公共治理不再是少数精英的专利，而呈现出大众性、开放性和参与性，这样可以在一定程度上缓解选举民主的压力。

（二）化解干群与社会矛盾

中国共产党非常重视党群关系，强调在政策制定的过程中倾听群众的声音，并把保持党同人民群众之间的血肉联系，上升到关系党和国家盛衰兴亡的高度。[③] “路线确定以后，干部就是决定因素”，干群关系是党群关系的重要组成部分，搞好党群关系首先就在于改善干群关系。而干群关系的首要问题就在于，各级干部都要体察民情，了解民意，集中民智，珍惜民力，努力为群众办实事，保证公共政策符合人民群众的利益。但是，目前“在一些地方、部门和领导干部中，教条主义、本本主义滋长，形式主义、官僚主义盛行，弄虚作假、虚报浮夸严重，独断专行、软弱涣散问题突出，以权谋私、贪图享乐现象蔓延”[④]，这些消极现象严重影响了干群之间的关系。当干群关系恶化到极点，群众会以最原始最极端的抗争方式来表达不满和反映诉求。

协商民主在中国的运用，架起了政府与公民之间信息沟通的桥梁，构建了一个管理者与被管理者之间进行有效对话的制度平台。以“对话、协商”为特征的治理模式，在化解干群矛盾、协调利益各方、维护社会稳定等方面发挥着作用。对政府而言，协商民主的运用可以帮助其了解公民和社会组

---

① [美]伊桑·J·莱布：《美国人民协商制度的设计理念》，张明译，载陈剩勇、何包钢主编：《协商民主的发展》，北京：中国社会科学出版社，2006 年，168 页。

② 陈剩勇：《协商民主理论与中国》，载《浙江社会科学》2005 年第 1 期。

③ 《中共中央关于加强党同人民群众联系的决定》(2008 年)，http://www.gov.cn/test/2008-07/04/content_1035733.htm.(访问日期：2014 年 5 月 30 日)

④ 《中共中央关于加强和改进党的作风建设的决定》(2001 年)，http://www.cctv.com/special/183/0/14883.html.(访问日期：2014 年 5 月 30 日)

织提供的信息,摸清公民对公共事务关心的热点,吸纳制定政策有效的方案与意见。对公民而言,协商民主的运用可以帮助其反映现实社会存在的问题,为政府解决处理公共事务提供选择的方案,扩大了群众对公共事务的参与度、知情度,增加了广大人民群众在决策中的发言权,提高了他们的参与热情和民主意识。[①] 这么看来,协商民主除了可以促进管理人员摒弃传统家长式领导方式和工作作风外,在治理层面,把以往"我命令你执行"的单向管理模式转变为和群众一起研究、共同管理、双向互动的新型治理模式,加强了决策者和群众之间的沟通与交流,融洽了干部与群众的关系,改善了干群关系。

另外,这种以"对话、协商"为特征的协商民主治理模式,在化解社会矛盾方面也发挥着作用。一个良好的协商环境可以提供机会,增进公民彼此之间的了解,通过对话和论证,参与者可以彼此学习,理解彼此之间的差异,同时也可以让参与者寻求彼此都可以接受的方案,这样会促进对立双方的相互尊敬,为减少社会矛盾奠定了基础。[②] 2003 年温岭松门镇两次协商民主会议的实践也说明,持有不同观点参与者之间的相互讨论,有助于提高两者之间的相互理解,改变原来的偏好,从而减少了两者之间的冲突。[③]

(三)深化基层民主治理

20 世纪 80 年代初期,随着人民公社体制的撤销,我国农村出现了治理的真空,导致了农村公共安全和事务的混乱。在基层政权缺失的情况下,使得新建的乡镇政府无法治理到每一个村庄,更谈不上治理村民了。比如,从 1982 年开始,广西的一些农村组织了村民委员会的选举,来替换旧式的大队委员会来处理农村的公共事务。村民在村民委员会选举中的主动性促使了政府对村民自治的认可。中央政府逐渐积极支持村民自治,在 1987 年制定了《村民委员会组织法》(试行),1998 年,《村民委员会组织法》正式实行,

---

① 徐家良:《民主合作制:政府与公民间的双赢博弈》,载慕毅飞主编:《民主恳谈——温岭人的创造》,北京:中央编译出版社,2005 年,第 77 页。

② Amy Gutmann and Dennis Thompson. *Why Deliberative Democracy*? Princeton: Princeton University Press, 2004, p. 11.

③ 何包钢:《协商民主:理论方法和实践》,北京:中国社会科学出版社,2008 年,第 204～218 页。

农村开始认真地依靠选举民主来落实村民自治。[1] 可以说，农村选举民主实行 20 多年来，改变了农村的权力结构和控制机制，促进了村民的政治参与，推动了中国的民主政治发展。

随着改革开放的深入和农村市场化的发展，金钱在农村选举中的影响力越来越大，出现了以“贿选”为手段的“黑金政治”，当村民接受了村民委员会候选人的钱后便会以选票为回报。并且，金钱的影响力也逐渐从选举领域扩展到农村的治理领域，当村民代表被村民委员会主任许以好处时，村民代表就放弃了受委托的权力，他们的投票就成了形式，给了村委会一张作决策的空白支票。[2] 村民选举虽然很重要，但选举只是村民自治的一部分，当前，村民自治更需要民主的深化。村民不应该仅仅局限于选举其代理人，更重要的是参与村庄公共事务的治理。要实现这样的参与，就要建立那些能鼓励村民参加村庄公共事务的协商形式，在这种形式下，村民可以发表自己的观点、讨论问题和提出建议，对村庄的公共事务作出集体决定。[3] 村民的不满在很大程度上是村干部在作出关于村庄利益的决策时，不给村民一个表达意见的机会，决策缺乏公开性、参与性和透明度。

实际上，民主本身包含选举和协商两部分。选举解决了权力来源的合法性，但权力来源的合法性本身并不能代替权力的运行，选举并不能完全解决公共决策的民主制定，因此，即使解决了民主选举问题，公民直接参与的协商仍然具有现实意义。协商民主的出现就是为了弥补选举民主的缺失，把民主的重心从投票选举代理人转移到亲自参与公共决策上，试图通过公开陈述理由的协商，让所有当事人的意见和利益，都能平等地表达出来，并尽可能地使决策的结果让大多数人所接受。协商民主在基层民主中的重要作用在于，减少由公共决策缺乏合法性而引起的社会动荡，向村民开放公共决策的过程，让村民对村庄的公共事务能发表意见，建立新的合法性。

当基层选举在某些地方因各种传统的或非传统的因素而受到扭曲时，

---

① [美]谭青山:《中国协商民主和村民自治》，邵正峰译，载陈剩勇、何包钢主编:《协商民主的发展》，北京:中国社会科学出版社，2006 年，第 177 页。李凡主编:《中国选举制度改革》，上海:上海交通大学出版社，2005 年，第 3～8 页。

② 参见董江爱:《村委会选举中的竞选与贿选——山西老窑头村 230 万竞选村官的调查与思考》等相关文章。http://www.farmer.com.cn/news/spll/200609110236.htm.(访问日期:2014 年 5 月 30 日)

③ [美]谭青山:《中国协商民主和村民自治》，邵正峰译，载陈剩勇、何包钢主编:《协商民主的发展》，北京:中国社会科学出版社，2006 年，第 189～191 页。

协商民主的运用就更加具有了现实意义。它提示着我们,基层民主建设绝非仅仅实行选举或扩大选举范围这一条路径。尽管协商民主的运用在形式上不无传统提倡的工作作风转变的色彩,在操作上不如实行民主选举那样具有突破性和轰动效果,但其所导致的制度创新仍是不可低估的。在这里,我们似乎可把协商民主的运用概括为一种以行政民主为特色的、以吸纳公民参与公共决策过程为主要内容、以改善基层权力机构的决策质量为直接目的的一种民主政治发展形式。[①] 就此而言,协商民主的运用为我们提示了一条也许是在基层民主选举已经广泛推行之后,深化基层民主治理质量的新形式,为基层民主政治的发展确定新的生长空间。

(四)塑造现代公民

如果公民不为国家做什么事情,那么人们将不关心他的国家;如果公民不参与政府的治理,将不会有促进其公共参与能力的激励因素,他们将沉溺于道德和知识的懒散之中。[②] 代议民主体制的运作中,不同政党之间为了上台而竞争公民手中的选票,公民的参与仅仅局限于定期的选举,使得公民政治效能感降低,这样会导致公民参与程度降低和对政府的不信任。在信任缺失的情况下,不但政府的治理会出现问题,也会导致公民在政治中的作用被缩小,弱化了公共关怀。协商民主强调的对话式参与形式是重新塑造现代公民的重要手段,公民冷漠和被动性格的形成与缺乏必要的真实参与机会有关,公民在参与的过程中可以强化其政治效能感,减少对权力的中心的疏离感,培养了公民对公共事务的关心。[③] 尤其选举民主在不同国家的落实有很大质量差异,会导致"非自由的民主"或者"威权式选举民主"模式的出现,这会更加抑制公民参与协商的空间和不利于公民的养成。

中国的情况与实行竞争式选举民主国家的体制不同,中国面临的问题是公民缺乏选举式授权的程序,但这并不意味着协商民主对我国公民塑造和培养没有意义。在协商民主讨论和对话的过程中,可以培养公民具有倾听不同声音的态度,可以了解他人立场和公共利益,会扩大了公民的视野,具备掌握各种不同可能观点的机会,增强包容心;了解到自己的利益通过与

---

① 张小劲:《民主建设发展的重要尝试——温岭"民主恳谈会"所引发的思考》,载慕毅飞主编:《民主恳谈——温岭人的创造》,北京:中央编译出版社,2005年,第39~40页。

② 陈家刚选编:《协商民主》,上海:上海三联书店,2004年,第17页。

③ [美]卡罗尔·佩特曼:《参与和民主理论》,陈尧译,上海:上海世纪出版集团,2006年,第97~104页。

他人的合作才有可能实现，因此，通过这样的过程，共善才可能成为公民认知与德行的一部分，公共参与在这个意义底下，会促进公民德行的发展，因为他将会超越个人利益、情绪、偏执的态度，成为一个正直的公民；公民参与是一种权力的行使，通过这样的经验，公民了解到自己的行为必须要对其他公民负责，这也是一项公民重要的德行。就像在游泳中才能学会游泳，公民只有在参与中才能学会参与，只有在参与中才能学会如何做一个合格的公民；公民意识的提高，必须要通过实际的经验来培养。温岭市泽国镇的“民主恳谈会”的实践就证明了协商的过程就是增强公民意识、使之成为公民的过程。

二、协商民主在中国运用的局限

协商民主是一种“治权的民主”，即不问统治权力来源这个最基本的问题，而把关注的焦点放在立法和行政过程中具体处理问题的方式是否民主的“民主”形式。但是民主政治的根本是“政权的民主”，即关注统治权力来源合法性和谁合法享有治理国家权力等根本问题的政治民主形式。在现代，政权的民主即选举民主，通过选举赋予统治者治理国家的权力与合法性。实际上，只有政权民主才能保障治权民主的顺利运行。中国以往就是没有政权的民主，因此，治权的民主就缺乏保障，只能靠着“圣君贤相”的出现。[①] 然而，历史的事实告诉我们，这种有赖于“好皇帝”与“好宰相”出现的情况是靠不住的。

在协商民主运用的领域内，由公民和官员之间进行沟通、协商和讨论，通过不同意见的对话，为公共政策提供一个最后达成妥协和共识的基础。因此，协商过程中权力的因素必须慎重考量，权力不能代替公民的参与和公开的讨论，否则公共话语会重新被权力垄断。民主依靠选举，选举导致竞争，竞争产生制约。正是因为公民拥有投票权，官员和公民才有理由促进协商。一个官员去倾听与政府不一致的观点的动机会因为对方没有投票权而大大减弱。一个公民在表述其观点与支持理由及其考虑公共事务的动机也会因为没有投票权而相应减少。[②]

---

① 牟宗三:《政道与治道》(新版序)，桂林:广西师范大学出版社，2006年，第18页。

② [美]托马斯·克里斯蒂亚诺:《公共协商的意义》，载[美]詹姆斯·博曼、威廉·雷吉主编:《协商民主:论理性与政治》，陈家刚等译，北京:中央编译出版社，2006年，第191页。

在中国,当前政治体系不允许依靠“选举”来推荐自己的利益代言人,缺乏了选举民主的制约,协商民主的质量只能寄希望于官员的责任心、同情心和道德品质。但是在传统官本位思想和现代市场经济的双重冲击下,还有多少官员持有“为天地立心,为生民立命,为往圣继绝学,为万世开太平”的儒家道德情操和责任?因此,协商民主在中国运用的最大局限就是,由于选举民主的缺失,官员不能真正体会到手中的权力是人民赋予的,不能保证官员会真心实意地与公民进行协商,这样就影响了协商的动力和真实。

第七章　协商民主与我国的政治协商

随着协商民主理论的翻译与引进，由于"协商民主"概念与我国的政治协商制度所强调的"政治协商"有天然的近似性，所以在协商民主的研究过程中，很多学者自然而然地把两者结合起来，尽管也有学者认为协商民主如果仅仅与中国政治协商制度联系起来会削弱协商民主理论本身所具有的意义。但是，从另外角度看，如果通过协商民主理论能激活甚至使政治协商制度发挥更大作用的话，这样会使得协商民主能够在政治体制上被容纳，会推动协商民主在中国的发展。从总体看，在协商民主与我国政治协商的关系上，既要反对把协商民主完全等同于政治协商，这样就会缩小范围，忽视协商民主其他丰富的实践形式；也要反对把政治协商与协商民主完全隔离开来，这样就会故步自封，难以对协商民主所包含的内容有所借鉴。只有对两者的关系有个清晰的认识，才能够更好地把两者结合起来，从而促进中国的民主政治发展。

第一节　协商民主与我国政治协商的差异

如果不是故意混淆起源于西方的协商民主与中国特色的政治协商概念的话，还是能够明显看出它们之间的差异，这些差异主要体现在理念的差异、参与主体的差异、制度设计的差异，而导致这些差异的主要原因是政党制度上存在差异。分析这些差异并不是拉开两者的距离，而是只有认识到这些差异，才能够更好地把协商民主本土化。

一、理念的差异

如前所述,协商民主的“协商”是来自于对英文“deliberation”的翻译,“deliberation”本身有深思熟虑、审议和讨论的意思,体现的是公民可以通过自由、理性和公开的讨论,深化他们对于公共价值和公共利益的理解。协商民主的理念来源于代议政体下对竞争性选举民主的反思,认为在代议政体下随着政党的崛起与官僚体系的排他性,公民在选举完代理人后,直接参与公共治理的机会缩减,协商民主要试图恢复古典民主中公民直接参与协商的传统。因为“代议民主只是在概念中借用了‘民主’这个词,而实际与古典民主的理想毫无瓜葛。他们奉为圭臬的,其实不是雅典,而是罗马,不是伯利克里,而是西塞罗;他们沿袭的,是罗马的寡头政治……与其说他们是要扩大政权的基础,推动民众的参与,不如说是要借代议制来限制、制约民众的参与,使公共事务的决定权集中到少数人手里”[①]。因此,协商民主强调,今天在选举权已经得到落实的西方,民主化应该重视的是如何扩大公共领域,让每个公民都能发表意见,直接参与协商和发声而不是选票,应该成为新的赋予公民权利的方式。可以看出,协商民主的理念是以扩大公民的直接参与为核心,强调这种参与的方式是平等的审议与讨论。

我国政治协商制度中的“协商”翻译成英文,官方普遍的翻译是“consultation”,从词汇的本意而言,“consultation”是咨询、协商和商量的意思,体现的是听取意见和相互交换看法的过程。具体而言,政治协商是具有中国特色的一种政治活动,是毛泽东根据马克思、恩格斯和列宁有关统一战线的论述,并结合中国的具体实践经验而创造的一项中国特有的制度安排。这一制度设计“体现出中国共产党与各民主党派及其他社会力量从‘联合革命’到‘协商建国’再到‘合作治国’的内在逻辑”[②]。1949 年,中国人民政治

---

① Ellen Meiksins Wood. “Democracy: An Idea of Ambiguous Ancestry,” in J. Peter Euben, John R. Wallach and Josiah Ober (eds.). *Athenian Political Thought and the Reconstruction of American Democracy*. Ithaca and London: Cornell University Press, 1995. Ellen Meiksins Wood. “Demos Versus We, the People: Freedom and Democracy Ancient and Modern,” in Josiah Ober and Charles Hedrick(eds.), *Demokratia: A Conversation On Democracies, Ancient and Modern*. Princeton: Princeton University Press, 1996, p. 125. 转引自:林猛:《论古典民主与现代民主——历史视角的民主研究》,北京大学博士学位论文,2001 年,第 44 页。

② 周红云:《协商政治、政治协商与协商民主:一个文献回顾》,http://www.chinareform.org.cn/gov/governance/Forward/201012/t20101220_55557.htm.(访问日期:2014 年 6 月 1 日)

协商会议第一届全体会议召开，通过了《中国人民政治协商会议组织法》、《中国人民政治协商会议共同纲领》等重要文件，这在一定程度上标志着各民主党派及社会各阶层对中共领导地位及社会主义体制的认同，从而为中国特色的政治协商形态的形成和发展奠定了基础。

按照中共中央颁发的 2005 年 5 号文件《关于进一步加强中国共产党领导的多党合作和政治协商制度建设的意见》，明确了政治协商有两种基本方式：一种是中国共产党与各民主党派的协商；一种是中国共产党在人民政协同各民主党派和各界代表人士的协商。前者是多党合作的重要形式，主要协调的是党际关系；后者是统一战线的重要体现，是我国民主政治的重要形式，这种政治协商的理念是指在中国共产党领导下，各政党、各人民团体、各少数民族和社会各界的代表，以中国人民政治协商会议为组织形式，经常就国家的大政方针进行民主协商的一种制度，人民政协是各党派、各人民团体、各界代表人物参政议政的重要场所。中国共产党关于政治协商制度的安排体现了政治协商的理念，即共产党与各党派、团体和各族各界人士的政治协商是我国发扬社会主义民主的重要形式，也是中国特色社会主义民主政治的重要组成部分，具有不可替代的作用。

二、参与主体的差异

从协商民主的理论本质可以知道，它实际上是一种基于古希腊民主传统的直接参与式民主模式，强调的是公民直接参与公共事务的治理。因为，“选举式参与”不是真正的参与，“参与的含义是亲自参与，是自发自愿的参与。也就是说，参与不只是‘属于’（仅仅被卷入某事），更不是非自愿的‘被迫属于’”[①]。这种亲自参与是指受到公共议题所影响的公民以直接参与的方式对公共事务的治理进行协商和讨论。也就是说，从公共议题的提出、议程的设定、议题的讨论和最后的决策，都必须有公民的直接参与，而不是指参与选举，仅仅让代理人去代替自己作出公共决策。虽然，也有学者认为可以由公民的代表参与协商，但是协商民主的参与理念主要强调的参与主体是个体的普通公民。

按照《中国人民政治协商会议章程》的规定：“中国人民政治协商会议全

① [美]乔万尼·萨托利：《民主新论》，冯克利、阎克文译，北京：东方出版社，1998 年，第 127 页。

国委员会由中国共产党、各民主党派、无党派人士、人民团体、各少数民族和各界的代表,香港特别行政区同胞、澳门特别行政区同胞、台湾同胞和归国侨胞的代表以及特别邀请的人士组成,设若干界别。中国人民政治协商会议地方委员会的组成,根据当地情况,参照全国委员会的组成决定。”可以看出,政治协商是以党派、团体为基础的,参与的主体是各个党派、团体和无党派人士等各界的优秀代表,而不是普通的公民。从严格意义上讲,这些代表是属于“代议”性质的参与,因为即使政治协商有很强的政治包容性,但是这些代表人物从根本上还是精英阶层,用周恩来总理的话说“每个方面都有带头的著名人物”,就目前中国的政治协商的制度安排看,政治协商体现的一种还是间接参与民主模式。

三、制度设计的差异

根据协商民主所倡导的公民直接参与协商的理念,已经有了共识会议、协商式民意调查、公民陪审团、愿景工作坊和协商日等多种制度设计,并且这些协商民主的制度形式已经在很多国家得到了实践。从前面的论述来看,这些落实协商民主的制度设计最为显著的特点就是有着严格的程序和参与主体的广泛性,如共识会议的运作程序就大致包括六个步骤,每一个步骤都决定着共识会议的质量。这些协商式的制度设计不同于传统的公共参与形式,它把对公共事务治理的讨论扩展到普通公民参与的范围。正是有了这些制度设计,才使得普通公民参与协商的实践有了可能性,并保证参与协商的质量。

我国为了开展政治协商工作,在制度设计上主要有会议、对口协商、组织考察、专题调查和提建议案等形式。

会议。就是指通过召开政治协商的各种会议,或通过列席人民代表大会及其常委会会议,听取并讨论政府报告或其他大事,并提出意见和建议。

对口协商。政协各专门委员会与政府有关部门召开联席会议,针对某一个特定的问题进行对口协商。

组织考察。组织政协委员考察政府工作,将考察中发现的问题进行整理,提出建议、意见、批评,并请政府处理并改进。

专题调查。由少数政协委员组成专题调查组,就某个专门问题到一些地方去调查,从而为政府某项决策提供建议,或对其某项决定是否可行提出看法。

提建议案。就是政协在自己召开的委员会全体会议、常委会议或主席会议上，对政府的大政方针和重要事务，经由充分协商和讨论形成的建议案，交给党政机关研究和处理。这些制度的设计主要出发点是为了保障各党派和各界别的代表人物能够参与对国家公共事务的政治协商，通过这些制度设计形式，使他们的看法、建议进入政治决策中。

四、政党制度的差异

中国的政治协商与源起于西方的协商民主的最根本差异是政党制度的不同。西方的政党制度是一种竞争性的政党制度，在代议民主的理念下，由政党来承接人民主权的让渡，通过政党竞争的形式来争取人民手中的选票，获得执政的权力。虽然，从民主政治的历史演变而言，这是明显的进步，但就"民主"的本意而言，这种竞争性政党体制下留给人民直接参与的空间依然很小，并且为了获取执政的大权，政党有时候被选举所绑架，偏离了人民的诉求，因此，协商民主的兴起就是批判这种竞争性的体制只是把人民被动地卷入选举参与，缺乏直接参与协商和讨论的机会。

中国实行的政党制度是中国共产党领导的多党合作和政治协商制度。在中国多党合作制度中，中国共产党与各民主党派长期共存、互相监督、肝胆相照、荣辱与共，共同致力于建设中国特色社会主义，形成了"共产党领导、多党派合作，共产党执政、多党派参政"的基本特征。也就是说，在这种政党体制下，政治协商是中国共产党领导的多党合作的最主要的政治内容和组织形式，"政治协商制度是在中国共产党的领导下，各民主党派、各人民团体、各少数民族和社会各界的代表，对国家的大政方针以及政治、经济、文化和社会生活中的重要问题在决策之前举行协商和就决策执行过程中的重要问题进行协商的制度"[①]。这种中国特色的协商制度是实行科学决策、民主决策的重要环节，"经过充分的政治协商，既尊重了多数人的意愿，又照顾了少数人的合理要求，保障最大限度地实现人民民主，促进社会和谐发展"[②]。可以看出，我国政党之间不是对立或竞争的关系，而是合作的关系，也主要是中国和西方政党制度的根本差异导致了政治协商和协商民主之间的差异。

---

① 《中国共产党领导的多党合作和政治协商制度》，中国中央人民政府网站：http://www.gov.cn/test/2005-05/25/content_18182.htm.（访问日期：2014 年 6 月 5 日）

② 《中国的政党制度》，中国中央人民政府网站：http://www.gov.cn/zwgk/2007-11/15/content_806278.htm.（访问日期：2014 年 6 月 5 日）

第二节 协商民主与我国政治协商的契合

无论怎么理解,作为一种比较系统的理论,协商民主是西方民主理论发展过程中的一个环节,它针对竞争性选举民主的弊端而提出改良的建议,与我国的政治协商有着明显的不同。但是,作为一种民主理论,协商民主与我国的政治协商也有某些契合之处,或者有的学者称之为偶合之处。[①] 整体上看,可以把这种契合归纳为以下三个方面。

一、利益诉求

很显然,协商民主和我国的政治协商都不是为了协商而协商,都是为了更好地实现公共利益。尽管协商民主在参与方面强调是以普通的公民为主体,即协商民主肯定公民积极参与政治生活的作用,试图通过完善的制度设计,扩大公民的参与范围,利用自由平等的对话形式来消除冲突,协商民主的诉求是保证公共理性的运用和公共利益的实现,并以此弥补选举民主模式导致的公民参与退化的缺陷与不足。

虽然我国的政治协商在参与方面是以各党派、各界别的代表为主体,其参与主体体现的是一种"代议"性质,但是,这种政治协商为各民主党派、无党派人士、人民团体、少数民族和各界爱国人士参与国家公共事务的治理提供了渠道,反映了社会各方面对公共利益的愿望与诉求。也许,这些代表在来源上缺乏有效的授权。在实际政治协商中也许会脱离本身所代表群体的需求,但是从政治协商的制度安排上来看,广泛政治协商的目的还是为了更好地实现公共利益。

二、表达方式

协商民主是一种"话语"民主,依靠理性的论证、沟通和反思,期望对公共利益上的分歧达成共识,在表达方式上强调的是对话、讨论与审议,因此,协商民主也被称为"沟通民主"。协商民主中的理性讨论就是"说理"[②],讨

---

① 金安平:《"协商民主":在中国的误读、偶合以及创造性转换的可能》,载《新视野》2007 年第 5 期。

② [美]乔舒亚·科恩:《协商与民主合法性》,载[美]詹姆斯·博曼、威廉·雷吉主编:《协商民主:论理性与政治》,陈家刚等译,北京:中央编译出版社,2006 年,第 56 页。

论所依据的理由是否适当和充分，必须在沟通的过程中，接受他人客观的判断和批评。公开的协商和充分的讨论，一方面可以把私利的表达和情绪的冲动降到最低；另一方面，在公开陈述的理由中了解到对方的价值与偏好，即便不能达成一致的同意，也会以"己所不欲，勿施于人"的扩大的心胸来对待存在的分歧。这样经过公开协商后的多数决定是有质量的多数决定，是合法性和正当性被大大强化的多数决定。①

在我国的政治协商中，各党派、人民团体和社会各界的代表参与政治协商的过程也是沟通、讨论和听取建议的过程，需要借助的也是话语的表达。通过话语的陈述、沟通与对话，共产党与各党派、人民团体和社会各界对国家的重大方针政策问题上通过协商达成共识。周恩来说："新民主主义的议事的特点之一，就是会前经过多方协商和酝酿，使人家都对要讨论决定的东西事先有个认识和了解，然后再拿到会议上去讨论决定，达成共同的协议。""新民主主义的议事精神不在于最后的表决，主要地在于事前的协商和反复的讨论。"②"政治协商的好处在于既能实现最大多数人民的民主权利，又能尊重占少数地位的人民的民主权利，在经过充分协商后，使各方面的政见在基本上达成适当的集中和统一。"③

三、权力制约

协商民主的理念强调在代议民主下要制约行政权力，因为代理人往往会扩大手中权力的自由裁量权，在科层制的行政体系下，权力影响力从行政管理者自上而下流向公众，不存在影响力的逆向流动。④ "绝非仅仅是管理者而已，他们不断地把一些东西加入到公共政策里面去。"⑤随着官僚体系自由行政裁量权的延伸，"行政管理者经常'界定'政策，并且行政的运作方式使得'行政'笼罩范围很大，而'政策'笼罩范围很小，行政性权威不断加

---

① 许国贤：《商议式民主与民主想象》，载《政治科学论丛》2000 年第 13 期。

② 《周恩来统一战线文选》，北京：人民出版社，1991 年，第 129、54 页。

③ 《李维汉选集》，北京：人民出版社，1987 年，第 320～321 页。

④ [美]约翰·克莱顿·托马斯：《公共决策中的公民参与——公共管理者的新技能与新策略》，孙柏瑛等译，北京：中国人民大学出版社，2005 年，第 16 页。

⑤ Terrence Kelly. Unlocking the Iron Cage: Public Administration in the Deliberative Democracy Theory of Jurgen Habermas. *Administration & Society*, Vol. 36(1), 2004, p. 47.

强。”[①]通过公民的直接参与制约权力的傲慢与寻租,防范公共权力的殖民化,协商民主主张排斥精英分子对公共决策议程的控制,强调普通公民的平等参与,主张公民对公共决策的深度参与,并认为公共决策只有经过公民的对话、沟通和讨论后,才具有合法性。

按照《中国人民政治协商会议章程》来看,政协的主要职能是政治协商、民主监督、参政议政。政治协商是对国家和地方的大政方针以及政治、经济、文化和社会生活中的重要问题在决策之前进行协商和就决策执行过程中的重要问题进行协商。民主监督是对国家宪法、法律和法规的实施,重大方针政策的贯彻执行、国家机关及其工作人员的工作,通过建议和批评进行监督。参政议政是对政治、经济、文化和社会生活中的重要问题以及人民群众普遍关心的问题,开展调查研究,反映社情民意,进行协商讨论。通过调研报告、提案、建议案或其他形式,向中国共产党和国家机关提出意见和建议。这些职能的发挥,虽然不具有法律的约束性,但具有广泛的代表性和灵活性,能够在一定程度上制约权力的滥用与扩张。

第三节　协商民主对我国政治协商的启示

毋庸讳言,作为一种系统的民主理论,协商民主是在对西方竞争式选举民主批判的基础上产生的,不能把西方的协商民主和中国的政治协商画等号,虽然有的学者认为为了避免混淆两者的含义,把 Deliberative Democracy 翻译成“协商民主”是一种误读。[②] 但是,从目前协商民主在中国的影响来看,如果仅仅是强调协商民主理论的纯洁性,恐怕协商民主还是局限在我国学界研究的小圈子内。在目前协商民主普遍被认可的情况下,思考如何使协商民主结合我国的现实进行创造性的转换,尤其是思考如何与中国的政治协商制度相结合并进行创造性转换,可能更具有现实意义。

一、扩大参与协商主体

党的十八大报告提出要“社会主义协商民主是我国人民民主的重要形

① [美]约翰·克莱顿·托马斯:《公共决策中的公民参与——公共管理者的新技能与新策略》,孙柏瑛等译,北京:中国人民大学出版社,2005 年,第 19 页。

② 金安平:《“协商民主”:在中国的误读、偶合以及创造性转换的可能》,载《新视野》2007 年第 5 期。

式。要完善协商民主制度和工作机制，推进协商民主广泛、多层、制度化发展。通过国家政权机关、政协组织、党派团体等渠道，就经济社会发展重大问题和涉及群众切身利益的实际问题广泛协商，广纳群言、广集民智，增进共识、增强合力”。这是第一次明确把“协商民主”写入党代表大会的报告。十八届三中全会进一步提出：“要以经济社会发展重大问题和涉及群众切身利益的实际问题为内容，在全社会开展广泛协商，坚持协商于决策之前和决策实施之中。发挥人民政协作为协商民主重要渠道作用。各级党委和政府、政协制定并组织实施协商年度工作计划，就一些重要决策听取政协意见。拓展协商民主形式，更加活跃有序地组织专题协商、对口协商、界别协商、提案办理协商，增加协商密度，提高协商成效。”可以说，我国对协商民主的认识越来越深化，对人民政协发挥的作用提出了更高的要求。

人民政协作为我国协商的重要组织平台，具有很强的包容性，能吸纳各种社会力量参与到协商的过程中，“要充分发挥人民政协在扩大公民有序政治参与中的重要渠道和平台作用。”[①]因为，自改革开放以来，我国出现了利益和社会阶层的多元化，政治协商制度作为一个反映民意和人民参与政治的平台，政协不仅成为政治协商、民主监督、参政议政的重要渠道，而且还成为利益表述和利益综合的政治舞台，政协必须进行自我调整以适应新的发展趋势，才能满足公民参与的要求，可以说政治协商制度的改革对中国民主政治发展也有着同样重要的作用。

扩大普通公民的参与是不同民主政治制度的共同价值取向，是当代民主政治发展的历史潮流，也是我国民主政治发展的需要。各级人民政协具有的依法、有组织、有秩序等特征，与公民有序参与的秩序、理性、适度等特征具有内在的紧密联系，并且各级人民政协拥有强大的参政资源，是实现公民参与的重要载体、重要渠道和重要形式。从政治体制结构的角度看，政治协商制度可以在一定程度上弥补人民代表大会制度的不足，在组织上具有广泛性、多元性、包容性，从党派、阶层、社会界别等方面广泛联系人民，反映民意，扩大民主程度。协商民主就是为了促进普通公民参与的一种民主模式，在扩大参与协商的主体和让普通的公民参与到政治协商的过程中有着借鉴意义。在这方面，我国各地政协也做了一系列探索与创新，通过健全基

① 胡锦涛：《在庆祝中国人民政治协商会议成立 60 周年大会上的讲话》，中国政协新闻网：http://cppcc.people.com.cn/GB/45579/10083719.html.（访问日期：2014 年 6 月 5 日）

层政协组织、开设委员工作室、邀请市民旁听等形式,扩大了公民有序政治参与。如杭州市政协在扩大参与协商主体方面,不但采取网上民主协商恳谈和网上直播的方式扩大参与协商主体,而且还积极创新基层民主协商的途径和方式,以便更好地扩大参与协商主体和吸纳民意。[①]

二、创新协商制度设计形式

2006 年《中共中央关于加强人民政协工作的意见》指出:"人民政协是我国政治体制的重要组成部分,在我国政治生活中具有不可替代的作用。发展社会主义民主政治,要善于运用人民政协这一政治组织和民主形式。"但是,也应该看到,人民政治协商制度目前也面临着挑战。随着社会经济的进一步发展,多元的社会结构、价值诉求、利益格局已经成为不可回避的事实,这对于联系社会各阶层、反映多方利益的政协制度来说,无疑提出了新的要求。其中一个新要求就是要丰富与创新协商制度的设计形式,就要"坚持推进多党合作和政治协商的制度化、规范化、程序化。要在坚持的基础上不断完善,不断研究多党合作面临的新情况新问题,探索多党合作的新机制新方式,使中国共产党领导的多党合作和政治协商内容更加丰富、机制更加健全、程序更加规范。"[②]十八届三中全会把推进协商民主广泛多层制度化发展作为政治体制改革的重要内容,完善人民政协制度体系,规范协商内容、协商程序,重点推进政治协商、民主监督、参政议政制度化、规范化、程序化,要构建程序合理、环节完整的协商民主体系。

协商民主在制度设计上有多种形式,如共识会议、协商式民意调查、愿景工作坊、公民学习圈和协商日等,这些制度设计形式有严格的科学程序,将协商讨论扩展到普通公民参与的范围,能够很好地促进公民参与,并且这些形式已经在很多国家进行了实践,取得了良好的效果。我国政治协商要想在促进普通公民参与方面取得成效,这些协商民主制度设计形式会有很大的启发。目前,我国一些地方的政协已经开始借鉴协商民主的理念与制度设计,结合我国的实际进行了创新。如从 2010 年开始,河南省安阳市政

---

① 参见中国人民政治协商会议杭州市委员会网站:http://www.hzzx.gov.cn/index.htm(访问日期:2014 年 6 月 5 日)

② 《中共中央关于进一步加强中国共产党领导的多党合作和政治协商制度建设的意见》,人民网:http://cpc.people.com.cn/GB/64162/71380/102565/182142/10993406.html(访问日期:2014 年 6 月 5 日)

协联系工作实际，开始探索运用“论辩”方式协商议政，并推出了“思辩堂”的形式，包容不同的声音并给予平等表达的机会与平台，不仅是会议程序的创新，也是民主进程的推进，创新了政治协商的实践形式，引起了广泛关注。[①]另外，山东省各地的政协也在这方面做了很多有益的探索，如济南市政协的年度“政协论坛”，利用“市长热线”来征求提案线索和政协委员接听“市长热线”电话与市民就热点和难点问题互动等形式，广泛地听取民意。[②] 青岛市政协也制定了《青岛地方立法协商工作办法》和《关于在政府法制工作中开展民主协商的试行办法》等，探索创新和拓展了协商民主的形式，丰富了协商内容，形成了程序合理和方法多样的协商民主制度设计。[③]

① 《河南省安阳市政协：思辩堂》，中国政府创新网：http://www.chinainnovations.org/index.php? m=content&c=index&a=show&catid=186&id=1010.（访问日期：2014 年 6 月 5 日）

② 参见中国人民政治协商会议济南市委员会网站：http://www.jnzx.gov.cn/index.aspx.（访问日期：2014 年 6 月 5 日）

③ 参见中国人民政治协商会议青岛市委员会网站：http://qdzx.qingdao.gov.cn/n6169219/index.html.（访问日期：2014 年 6 月 5 日）

第八章 中国十年来协商民主研究的回顾与展望

协商民主自20世纪90年代在西方兴起以来，逐渐得到国内学界的关注，自2001年哈贝马斯访华发表了“民主的三种规范模式”演讲以来，协商民主就开始进入我国学界的视野[①]；2002年俞可平在《当代西方政治理论的热点问题》一文中简要介绍了协商民主；2003年林尚立发表了《协商政治：对中国民主政治发展的一种思考》的文章；2004年陈家刚发表了《协商民主引论》并主编出版了“协商民主”的译文集。自此之后，特别是2006年以后，协商民主开始得到学界的普遍关注和重视，如前所述，虽然学界对“Deliberative Democracy”翻译为“协商民主”有着不同的认识，但不可否认，十年来协商民主逐渐成为国内学界研究的热点，并最终进入到党的施政纲领。

可以说，经过10年来的发展，协商民主已逐步形成一个较为独立的研究领域。随着十八大和十八届三中全会对协商民主的重视，可以预见国内学界又将兴起对协商民主研究的热潮。本章从学术论文、博硕士论文、学术会议与译著专著以及基金资助等四个方面对协商民主在中国的整体研究现状进行考察，勾勒出对我国10年来协商民主研究的整体轮廓。

第一节 研究论文

在中国知网仅以“协商民主”为篇名检索文章（限定在2003～2013年发

---

① ［德］哈贝马斯：《哈贝马斯在华讲演集》，北京：人民出版社，2002年，第78页。

表的文章)，发现2003、2004和2005年发表的论文较少，从2005年到2008年逐步上升，到了2013年则有显著的增长(见图8-1)。

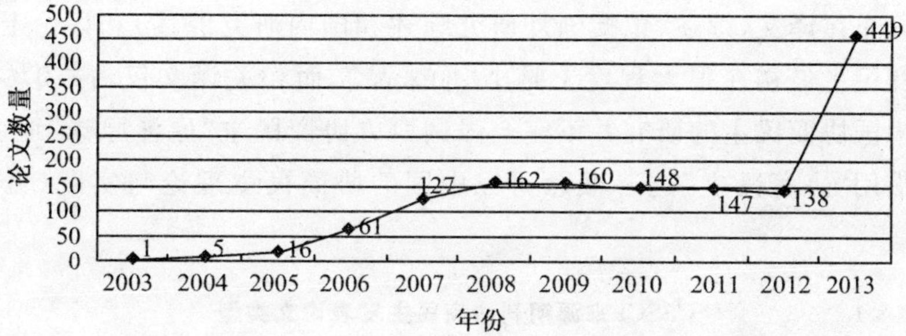

图8-1　协商民主论文发表数量和年份分布图

一般而言，CSSCI来源期刊的文章质量要高于非CSSCI来源期刊的文章，为了更好地对论文研究的内容进行分析，本书进一步选取CSSCI期刊来源文章，由于对协商民主的翻译和理解并不一致，以“协商民主”、“协商政治”、“审议民主”、“商议式民主”、“商谈民主”和“审慎民主”为关键词，在中国知网上用布尔逻辑“或者”的检索策略，对篇名进行检索，检索数据库限定为CSSIC数据库，论文发表时间限定在2003～2013年，检索结果显示相关成果为220篇(见图8-2)。

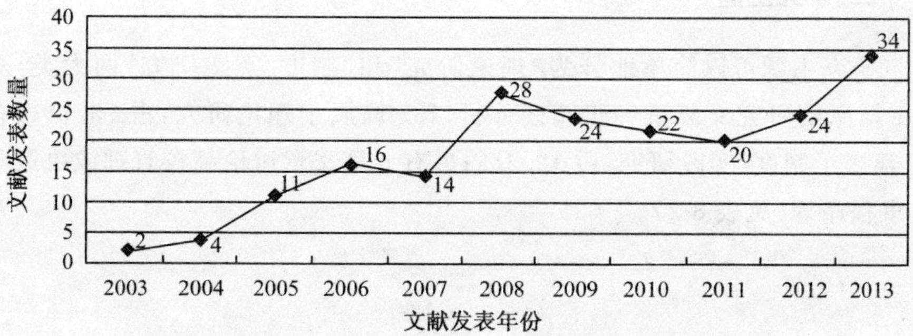

图8-2　CSSCI来源期刊协商民主论文发表数量和年份分布图

为了更好地对220篇文章进行分析，通过进一步阅读文献，排除了书评、导读和重复发表的文献等21篇，对199篇文献进行进一步解读和分析。

一、文献类型

对199篇进行文献类型初步分析,原始研究论文181篇,占91.0%,其余的分布在译文、综述(包括国外研究综述和国内研究综述)和评论上。由于协商民主最初在很大程度上是个“舶来品”,而相关译文仅占4.0%,[①]这说明中国协商民主的研究并不完全强调西方协商民主“原汁原味”地引入,而是借用“协商民主”这一概念研究中国的协商民主理论与实践(见表8-1)。

表8-1　　CSSCI来源期刊协商民主发表论文类型

文献类型		文献数量(篇)	所占比例
论文		181	91.0%
译文		8	4.0%
综述	国外研究综述	3	1.5%
	国内研究综述	4	2.0%
评论		3	1.5%
合计		199	100.0%

二、研究主题

研究主题可以简单地分为“理论研究”和“制度/实践研究”两大类,对181篇原始研究文献进一步阅读分析,137篇属于理论研究,占75.7%;有35篇属于制度/实践研究,占19.3%;另有9篇文章讨论高校管理或决策和议事程序等(见表8-2)。

---

① 译文少的原因,可能与现在高校的学术评价体系相关,在大多数高校中,对文章和书的翻译不被认可为学术研究成果。

表 8-2 CSSCI 来源期刊协商民主研究主题

研究主题	文献数量(篇)	所占比例	关键词
协商民主理论	137	75.7%	西方协商民主理论的介绍与评价、中国协商民主内容、公民参与等
协商民主制度/实践	35	19.3%	浙江的协商民主实验、民主恳谈、网络协商、西方协商民主制度等
其他	9	5.0%	学校管理、议程设置等
合计	181	100.0%	

对 181 篇原始研究文献进一步阅读分析,发现研究领域可以具体分为 6 类:西方协商民主理论与制度、协商民主和中国民主政治发展道路、协商民主和人民政协、中国基层协商民主和实践、协商民主相关研究和其他(包括协商学校管理、议事程序、民族、宗教、两岸关系、集体工资协商)等(见表 8-3)。

表 8-3 CSSCI 来源期刊协商民主研究具体领域

<table>
<tr><th colspan="2">文献分布</th><th colspan="2">文献数量(篇)</th><th>所占比重</th></tr>
<tr><td colspan="2">西方协商民主理论与制度</td><td colspan="2">37</td><td>20.4%</td></tr>
<tr><td colspan="2">协商民主和中国民主政治发展道路</td><td colspan="2">35</td><td>19.3%</td></tr>
<tr><td colspan="2">协商民主和人民政协</td><td colspan="2">22</td><td>12.2%</td></tr>
<tr><td colspan="2">中国(基层)协商民主和实践</td><td colspan="2">24</td><td>13.3%</td></tr>
<tr><td rowspan="6">相关研究</td><td>公共政策</td><td>9</td><td rowspan="6">37</td><td rowspan="6">20.4%</td></tr>
<tr><td>社会管理/治理</td><td>6</td></tr>
<tr><td>风险规避</td><td>4</td></tr>
<tr><td>公民参与</td><td>4</td></tr>
<tr><td>网络协商民主</td><td>4</td></tr>
<tr><td>公共理性、公共利益、公民社会、社会资本等</td><td>10</td></tr>
<tr><td>其他</td><td>学校管理、议事程序、民族关系、两岸关系、宗教关系、工资协商等</td><td colspan="2">26</td><td>14.4%</td></tr>
<tr><td colspan="2">合计</td><td colspan="2">181</td><td>100.0%</td></tr>
</table>

关于西方协商民主理论和制度的研究,基本上是对西方协商民主进行解读与阐释。如陈家刚简明地介绍了西方协商民主理论研究的要点和热点,由于对 Deliberative Democracy 翻译的不同理解,有的对协商民主的理论流派进行了分析,并认为协商民主理论流派之间并不是一致的,对"协商"的不同理解可以导向不同的具体路径和协商方式。[①] 也有的学者从民主理论的历史视野出发,认为民主逐渐脱离了"人民当家作主"的本质,协商民主试图重归与人民主权,但在现实中,协商民主的目标在现代社会中容易遭遇陷阱。[②] 而且迄今为止,协商民主理论还没有勇气大胆改变现有的民主制度。但民主是个不断发展的过程,"协商"作为一种可能的路径和治理方式依然值得探索。

关于协商民主和中国民主政治发展道路的研究有两条基本线索:一是从西方协商民主看中国的民主政治发展,二是认为协商民主是中国特色的民主政治形态。第一条基本线索的主要观点认为:协商民主与传统文化中的"和"、"合"、"中"的思维想契合,中国的政治价值观念注重协商,这种政治文化传统基础为协商民主的发展提供了良好的文化背景;改革开放和社会主义市场经济制度的确立、完善,使社会向多元化进一步发展,新的利益阶层、群体的出现使我国协商民主发展的社会基础不断扩大[③];有的研究认为,协商民主能推进政治结构的分化、扩大公民有序政治参与和提升我国公共政策的理性等,要盘活现有体制内协商民主的政治存量,要通过"赋理协商"和"赋权协商"达到利益的表达与综合,要开放、监督协商民主的决策过程以保障政策结果公平。[④] 也有的研究从利益多元的逻辑出发,通过公共协商讨论约束政治过程,减少利益冲突、权力腐败和社会矛盾,通过制度保障协商民主的规范化、程序化。[⑤] 这个线索的研究可以总结为:协商民主可以对中国的民主政治发展提供借鉴,在中国发展协商民主有巨大的潜力和意义。

第二条基本线索的主要观点认为:"协商政治"是中国特色的社会主义

---

① 谈火生:《审议民主理论的基本理念和理论流派》,载《教学与研究》2006 年第 11 期。

② 张康之、张乾友:《现代民主理论的兴起及其演进历程》,载《中国人民大学学报》2011 年第 5 期。

③ 朱勤军:《中国政治文明建设中的协商民主探析》,载《政治学研究》2004 年第 3 期。

④ 吴晓林、左高山:《协商民主理论与中国民主政治发展》,载《教学与研究》2009 年第 4 期。

⑤ 何士青:《论协商民主:基于社会和谐的视角》,载《武汉大学学报》(人文科学版)2007 年第 4 版。

民主政治，“我们不是要在中国的政治建设中实现哈贝马斯的政治期待，而是要像哈贝马斯力图创造新的西方民主模式一样，通过开发协商资源创造中国特色的民主政治模式”[①]。虽然这里把协商政治与协商民主区分来使用，但由于后来随着“协商民主”概念影响力的扩大和官方文件对“协商民主”一词的使用，以及来自政协系统里对协商民主的推广，“协商民主”与“政治协商”之间经常模糊使用、相互关联和等同使用，在此基础上，认为协商民主是中国社会主义政治文明建设的生长点。也有的研究认为协商民主完全内生于中国，这里便是将协商民主完全等同理解为中国的协商政治，是中国民主政治建设的重要方面。

关于协商民主与人民政协的研究领域。这方面至少有两种不同观点：有的研究基于协商民主的视野看中国语境中的政治协商，协商民主和协商政治存在历史背景、参与者地位、对决策的影响、利用的制度平台等方面存在差异，但二者又都强调多元社会中利益的表达、参与和对权力的制约。[②]有的研究基于对二者概念的相对区分，认为协商民主所追求的价值与人民政协制度的理念是契合的，人民政协制度在某种程度上体现了协商民主所期望的实践成果，且协商民主所引发的广泛讨论为人民政协制度的改革提供了民意基础。[③] 虽然在这种观点中，协商民主不是协商政治，不是政治协商，但能为政治协商和人民政协制度建设提供建设性意见。人民政协是“协商民主的主渠道”，人民政协作为国家层面上的协商民主是我国民主政治建设中不可缺少的环节。因此，就协商民主与人民政协来说，根据两种理解“协商民主”的不同，人民政协实际上有两种理论资源，基本上所有相关研究都是从协商民主的概念入手来研究人民政协。

中国(基层)协商民主和实践。有的研究认为中国地方实践中存在各种协商和对话机制，如浙江省地方人大立法中的协商、省政协常委会中的公民参与政治协商、地方行政决策的听证会协商、乡村地区的民主恳谈会和互联网上官民对话等五种中国地方经验的协商。[④] 有的研究认为协商民主是乡村治理的新方式，主要有乡规民约式的协商机制(民情沟通日、“民主日”活

---

① 林尚立：《协商政治：中国特色民主政治的基本形态》，载《毛泽东邓小平理论研究》2007 年第 9 期。

② 陈家刚：《协商民主与政治协商》，载《学习与探索》2007 年第 2 期。

③ 李罡：《协商民主视野下的人民政协制度建设》，载《北京行政学院学报》2012 年第 5 期。

④ 陈剩勇：《协商民主理论与中国》，载《浙江社会科学》2005 年第 1 期。

动、民主恳谈会和村民访谈日等),体制中的正式协商(协商融入到村民大会和乡镇人民代表大会)、通过其他部门对乡村治理的协商(基金会、共青团、妇联、商会和行业协会等)和村监督体系的协商式改造(村民评议会和村务监督委员会)。[①] 我国城乡社会中生长协商制度形式,如民主恳谈会、民主理财会和参与式预算等,已经超越了政治协商的一般范畴,是我国探索协商民主过程中的重要环节。[②] 很多研究从协商民主的角度对温岭的"民主恳谈会"进行了解读,作为"商议性"民主决策形式的民主恳谈会具有大众性、平等性、多元性等,民主恳谈会走出了中国传统的"权威型治理",更倾向于主体平等并能对决策产生影响的"商议合作型治理","基层的商议式民主实践已经超出简单的基层工作方式的变化,而是要求整个中国地方治理方式的变化"[③]。有的研究借助西方协商式民意调查的制度设计,在温岭的实践中发现,独立的会议主持人、随机抽样产生的代表、信息公开和问卷调查等制度,能有效消除社会中的不平等因素,提高协商的平等性和决策的合法性。[④] 在广东的协商式民意调查也表明,经过协商民主试验的公民可以"深思熟虑"地看问题,一旦公民学会了政治妥协、理性对话、自我管理、提高社会治理的能力、素质和水平,可以减少社会的震荡和成本,会发展出良性的竞争。[⑤] 这两次协商民主的试验,是基于国外协商民主制度设计的方法和原则,通过严谨的设计运用在中国,说明中国的协商民主实践也可以不必经历一个自然生成的过程,通过严格的制度设计,可以提升中国协商民主实践的质量,尤其是基层协商民主实践的质量。总体上看,国内的研究普遍认可我国存在从国家到地方的协商民主制度或实践,并且对"协商"的理解是比较宽泛的,可以是人民政协的"政治协商",也可以是地方和基层的"公民参与协商"。由于"基层"可以体现在城市基层和农村基层,但相关研究偏重农村基层的协商民主实践,而对城市基层协商民主实践研究较少。

---

① 吴兴智:《从选举民主到协商民主:近年来乡村民主建设的新发展——以浙江为个案的思考》,载《社会科学战线》2008 年第 4 期。

② 叶娟丽:《协商民主在中国:从理论走向实践》,载《武汉大学学报》(哲学社会科学版)2013 年第 2 期。

③ 郎友兴:《商议式民主与中国地方经验:浙江省温岭市的"民主恳谈会"》,载《浙江社会科学》2005 年第 1 期。

④ 何包钢、王春光:《中国乡村协商民主:个案研究》,载《社会学研究》2007 年第 3 期。

⑤ 何包钢:《协商民主和协商治理:建构一个理性且成熟的公民社会》,载《开放时代》2012 年第 4 期。

除以上比较集中的领域外，还有部分研究分布在公共政策、社会管理/治理、风险规避、网络协商民主等方面。有的研究关注在公共政策中的决策、制定、议程设置、执行等方面引入协商民主，提高公共政策的公信力等。有的研究关注社会管理/治理中的协商，认为协商民主可以作为现代政府与社会互动的一种方式①，达到在国家、城市和社区等范围内实现公民参与的有效治理。有的研究从风险社会的视角出发，认为“协商民主有助于人类从容应对风险社会”②，也有研究从中国社会风险出发，认为协商民主能有效化解社会矛盾、应对群体性事件。也有的研究关注互联网公共论坛中的协商民主。③ 另外，还有一些研究文献从公民参与、公共理性、公共利益、公民社会和社会资本等角度研究协商民主。

第二节　硕博士论文

在中国知网上用布尔逻辑“或者”的检索策略，以“协商民主”、“协商政治”、“审议民主”、“商议式民主”、“商谈民主”和“审慎民主”为关键词，对篇名进行检索，数据库限定为“硕博士学位论文”，时间为2003～2013年，检索结果显示相关硕博士论文为141篇，为了对硕博士论文更好地分析，排除了一些不相关的论文，最终结果为132篇。

一、收录时间

从132篇硕博士论文的发表收录年限看，2006年前为0篇，2006年4篇，2007年14篇，2008年13篇，2009年19篇，2010年35篇，2011年23篇，2012年18篇，2013年6篇（见图8-3）。

---

① 韩福国：《作为嵌入性治理资源的协商民主——现代城市治理中的政府与社会互动规则》，载《复旦学报》（社会科学版）2013年第3期。

② 陈家刚：《风险社会与协商民主》，载《马克思主义与现实》2006年第3期。

③ 陈剩勇、杜洁：《互联网公共论坛：政治参与和协商民主的兴起》，载《浙江大学学报》（人文社会科学版）2005年第3期。

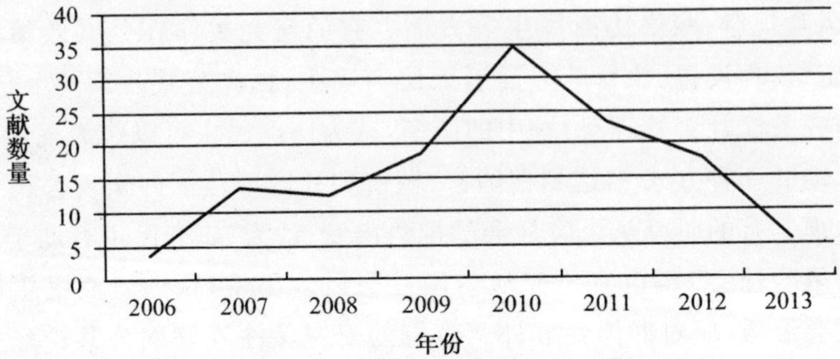

图 8-3　硕博论文收录年限分布图

可以看出,博硕士论文的时间特征非常明显,2006 年前没有论文对协商民主进行研究,从 2009 年到 2010 年,硕博论文的数量显著增加,2010 年为 35 篇。可能是因为 2006 年中共中央颁布了《关于加强人民政协工作的意见》,提出了选举和协商是“我国社会主义民主的两种重要形式”的论断,2007 年十七大报告中也有关于协商的论述,如“推进政治协商、民主监督、参政议政制度建设;把政治协商纳入决策程序,完善民主监督机制,提高参政议政实效”等,这在很大程度上促进了硕博士对协商民主研究的选题。虽然 2010 年后,硕博士论文对协商民主的研究有所下降,这并不意味着协商民主不是研究的热点,因为硕博士论文的完成需要 3～4 年的时间,在十八大和十八届三中全会对协商民主的高度重视后,硕博士对协商民主的研究恐怕又会重新成为研究的热点。

二、硕博士论文类型与高校来源

按照学位把 132 篇硕博士论文分为硕士和博士论文;按照高校类型分为 985 高校、党校和普通高校。可以看出,选题为“协商民主”的硕士论文占到 89%,这与我国硕博士数量的比重是基本一致的;在高校分布上,985 高校的论文数量占 33%,而 985 高校数量仅占全国高校总数量的 2%左右,因此,985 高校对协商民主的研究比重还是比较高的(见表 8-4)。

表 8-4 硕博士论文类型与高校来源

<table>
<tr><th>学位分类</th><th>高校分类</th><th>数量</th><th>比重</th><th>985 高校分布</th></tr>
<tr><td rowspan="3">硕士论文</td><td>985 高校</td><td>30</td><td>23%</td><td>厦门大学(5)华中科技大学(2)吉林大学(7)华东师范大学(3)浙江大学(3)复旦大学(2)南京大学(1)上海交通大学(3)四川大学(1)湖南大学(1)中南大学(1)重庆大学(1)</td></tr>
<tr><td>普通高校</td><td>83</td><td>63%</td><td></td></tr>
<tr><td>党校</td><td>4</td><td>3%</td><td></td></tr>
<tr><td rowspan="3">博士论文</td><td>985 高校</td><td>14</td><td>11%</td><td>中国人民大学(1)山东大学(3)吉林大学(4)华东师范大学(2)浙江大学(1)复旦大学(1)兰州大学(1)华南理工大学(1)</td></tr>
<tr><td>普通高校</td><td>1</td><td>1%</td><td></td></tr>
<tr><td>党校</td><td>0</td><td>0</td><td></td></tr>
</table>

三、论文分类

把 132 篇硕博士论文主要划分为理论类、实践/方法类以及混合型三大类型(参见表 8-5)。

表 8-5 硕博士论文分类

类型	数量(篇)	比例
协商民主理论	25	19%
协商民主实践/方法	100	76%
混合型	7	5%
合 计	132	100%

协商民主理论类研究侧重于协商民主“是什么”的研究，实践/方法类侧重于协商民主“如何实现”和“实践经验”的研究。通过上述表格可以看出，在选题为协商民主的 132 篇硕博士学位论文中，有 100 篇侧重于对协商民主实践与方法的研究，占 76%；25 篇是关于协商民主相关理论的研究，占 19%；还有 7 篇综合分析协商民主理论和在我国的实践，占 5%。但博士论

文主要集中在理论类的研究。协商民主理论类的研究主要集中在哈贝马斯的商谈民主理论、博曼的协商民主理论、西方审议民主理论、古特曼和汤姆森的协商民主思想和埃尔斯特的协商民主理论;实践/方法类的研究较为多元,涉及到政党、人民政协、政府治理、基层协商、公共政策、政府决策、公民参与和国外的实践经验等。

四、论文主题

为进一步了解和分析我国硕博士论文有关协商民主的研究主题,本书通过归纳列举法对所纳入的132篇论文对研究主题进行了大致划分(见表8-6)。

表 8-6　　硕博士论文研究主题

<table>
<tr><th colspan="2">研究主题分布</th><th colspan="2">数量(篇)</th><th>比重(%)</th></tr>
<tr><td colspan="2">协商民主理论与制度研究</td><td colspan="2">31</td><td>23%</td></tr>
<tr><td colspan="2">中国协商民主实践和中国民主化道路</td><td colspan="2">32</td><td>24%</td></tr>
<tr><td colspan="2">西方协商民主实践</td><td colspan="2">3</td><td>2%</td></tr>
<tr><td colspan="2">政党协商民主研究</td><td colspan="2">3</td><td>2%</td></tr>
<tr><td colspan="2">协商民主和人民政协</td><td colspan="2">10</td><td>8%</td></tr>
<tr><td colspan="2">中国基层协商民主和实践</td><td colspan="2">18</td><td>14%</td></tr>
<tr><td colspan="2">中外协商民主研究对比</td><td colspan="2">2</td><td>2%</td></tr>
<tr><td rowspan="7">协商民主相关主题研究</td><td>公共政策与政府决策</td><td>7</td><td rowspan="7">33</td><td rowspan="7">25%</td></tr>
<tr><td>政府治理</td><td>3</td></tr>
<tr><td>群体性事件</td><td>2</td></tr>
<tr><td>公民参与</td><td>5</td></tr>
<tr><td>媒体与网络协商民主</td><td>6</td></tr>
<tr><td>公共利益、公民社会、群众利益等</td><td>2</td></tr>
<tr><td>听证制度与协商民主</td><td>8</td></tr>
<tr><td colspan="2">合计</td><td colspan="2">132</td><td>100%</td></tr>
</table>

协商民主理论与制度研究。有的对古特曼和汤普森的协商民主思想进行了研究,认为协商民主条件的三项原则为:互惠性、公共性和问责性原则,

支配协商民主内容的原则为：基本自由、基本机会和公平机会原则。有的从"晚期资本主义"的四大危机和公共领域的扭曲出发，分析哈贝马斯协商民主的基础——交往行为理论，并介绍了哈贝马斯协商民主理论的功利型、偏好型、道德型和法律型的四种实践路径。有的从埃尔斯特的个体主义方法论和理性选择理论出发，对协商民主的背景和适用范围、协商与民主的关系和如何达成集体决策等方面进行了阐释和理解。

中国协商民主实践和中国民主化道路。有的从中国实践角度对我国的协商民主制度发展进行了探索，如把中国民主协商分为国家基本制度的政治协商制度、城乡基层自治领域的民主协商和政府与社会的协商对话，并从协商参与主体、协商讨论过程与协商结果和公共政策之间的关系三个方面分析了各个领域的民主协商实践。此外，还有的研究从国外理论与实践着手，对我国当前协商民主制度建设中面临的难点与困境进行了分析，致力于寻求未来发展之路，认为中国在推行协商民主的同时，也需要对选举民主的需求进行适当的回应。

西方协商民主实践。有的对西方协商式民意调查、公民陪审团、专题小组、大规模协商大会等协商民主实践进行研究，并通过对其经验和困境总结，得出对我国协商民主制度建设的启示。有的在对协商民主理论和实践概况的基础上，重点分析西方协商民主实践中面临的现实困境。有的以台湾宜兰共识会议为参照，对审议民主进行了研究和探讨，以期为我国协商民主制度建设提供一定的参考等。

协商民主中的政党与政协研究。有的通过历史的考察对我国政党协商民主制度的实体规范、组织机构以及运作机制进行了详细分析，并在此基础上提出了推进当代中国政党协商民主制度建设的相关措施。有很多研究认为人民政治协商会议是协商民主制度化建设的主渠道，从不同角度对我国政协的性质、地位、职能、历史变迁以及完善措施进行了梳理和分析，探讨中国人民政治协商会议制度的完善路径。

中国基层协商民主和实践。有的从协商式治理与乡村公共秩序转型的视角切入，运用协商民主理论，通过对温岭协商式治理模式中的公民参与、乡村公共政策的制定、乡村权力结构变迁等问题的剖析，揭示协商式治理模式在基层组织中的应用及重要意义。有的从实地案例出发，借助协商民主理论，从政治平等、公开、交互和责任四个角度，试图为我国农村的基层民主制度建设提供一条可行的路径。

中外协商民主研究对比。有的从宏观和微观角度对国内外协商民主发展现状进行了对比分析。有的从宏观角度出发,对中外协商民主的历史背景、理论基础、功能与内涵和实践形式作了概述与比较分析。有的选取了中国温岭的民主恳谈会和丹麦的共识会议作为典型代表,结合各自实际状况,从组织、内容、功能、效果以及影响等方面作了概述和对比分析。

协商民主相关领域研究。有的认为协商性决策模式具有包容性、程序性、制度性以及动态性四方面的特征。有的对网络公众参与公共事务管理的因素进行分析,并提出了在协商民主制度化构建过程中,广大公众通过网络行使参与权与表达权的问题,这顺应了信息时代与网络时代带给政府治理的契机与挑战。有的以厦门 PX 项目事件为切入点,探讨了协商民主在群体性事件中的功能与作用。有的对我国目前听证制度实践的问题和原因进行了分析,并从公共理性、听证程序和对话机制三个层面进行了对策探讨。

通过对我国硕博士论文的分析不难看出,大多数侧重于对协商民主实践与方法的总结,而缺乏对协商民主理论的深入研究。而对于我国协商民主研究而言,理论的本土化是重要的,虽然国外的协商民主理论对我国协商民主建设有一定的借鉴意义,但是中国的国情决定了西方的协商民主理论并不具备普适性;协商民主的制度设计和方法在很大程度上是中性的,一些西方具体制度和方法可以对我国具有借鉴意义,但也需要进行创造性的转化。另外,实际上我国各地对协商民主的一些好的实践和做法还没有真正得到提炼和总结。今后硕博士的论文选题要结合十八大和十八届三中全会对协商民主提出的新论断,不能再对国外理论和实践进行简单的重复介绍,要在理论上有所创新,要结合中国的实际,积极探索具有本土特色的协商民主的具体制度、程序和方法。

第三节　学术会议与译著专著

学术会议是否经常召开和译著专著的数量,通常被认为是某一个研究领域能否引起重视的重要指标。查找协商民主相关学术会议召开和译著专著出版的情况,是了解我国协商民主过去研究概况的重要途径,在此基础上可以发现协商民主是否得到了重视和会议以及研究关注的主要内容。

一、学术会议

自协商民主被引入中国以来，国内学界也对此议题召开了一系列的研讨会，本书根据网上公布的会议信息，据不完全统计，自 2004～2013 的约十年间，我国学界共召开了 10 余次具有代表性的协商民主学术会议（见表 8-7 和图 8-4）。

表 8-7　　协商民主学术会议统计

会议时间	会议名称	举办单位	相关议题
2004 年 11 月 18 日至 21 日	“协商民主理论与中国地方民主的实践”国际学术研讨会	浙江大学政治学与行政管理系、澳大利亚塔斯玛尼亚大学政府系	协商民主理论、中国政治改革与协商民主、西方社会中的协商民主、中国农村的协商民主实践、中国城市的协商民主实践、如何推进协商性制度建设、实践者的看法等
2007 年 7 月 20 日至 21 日	“中国民主政治的发展路径：选举与协商”学术研讨会	复旦大学中国政府与政治研究中心、选举与人大制度研究中心和“中国共产党执政体系”国家重大攻关课题组	选举民主与协商民主的制度建构、实现选举民主与协商民主的技术路线以及两者之间的内在逻辑关系
2010 年 5 月 10 日	“协商民主的理论与实践”国际学术研讨会	中共中央党校、美国斯坦福大学	协商民主及其在中国的发展等
2012 年 7 月 19 日	“拓展协商民主，促进创新转型”理论研讨会	上海市人民政协理论研究会与市统一战线理论研究会、法学会、政治学会、社会学学会	协商民主内涵分析与推进人民政协制度创新的对策思考、在创新驱动、转型发展中构建协商民主的制度平台、协商民主与社会组织发展、人民政协协商民主的重要意义和若干原则、基于人民政协视角看协商民主与创新转型

续表

会议时间	会议名称	举办单位	相关议题
2012年12月14至15日	"协商民主及其在中国的实践"学术研讨会	世界与中国研究所、共识网、温岭市委民主恳谈工作办公室	协商民主理论研讨、温岭民主恳谈和参与式预算、各地协商民主的实践
2012年12月27至28日	"行动中的协商民主:制度、议题、程序、方法、政策、绩效"研讨会	世界与中国研究所	中国当前的协商民主的发展情况和如何在各地推动协商民主的发展等
2013年11月9日至10日	"协商民主理论与实践"国际研讨会	南开大学当代中国问题研究院	中国社会主义协商民主、协商民主理论、协商民主实践
2013年11月11日	"协商民主技术与中国政治发展"学术研讨会	清华大学社会科学学院	协商民主技术在中国政治治理中的应用前景、协商民主技术与政治协商、协商民主技术与基层治理、协商民主如何与正式制度安排衔接、协商民主技术的组合运用等
2013年12月21日	"中国特色社会主义协商民主与当代政治发展"学术研讨会	中国政治学会、中国社科院政治学研究所、"中国特色社会主义民主话语体系与传播策略研究"项目组、南京财经大学马克思主义学院	当代中国协商民主的现实政治价值和制度化建构、中国政治学研究的维度、当下中国政治改革的风险、协商民主与人民政协的制度建设、协商民主与国家治理体系和治理能力的现代化要求
2013年12月28日	"协商民主与中国政治发展"上海青年政治学者专题研讨会	上海东方青年学社、上海交通大学国际与公共事务学院	民主理论、协商民主理论、协商民主与中国政治发展、协商民主在中国的实践、协商民主的多层次制度化发展、中国政治发展与政治改革等

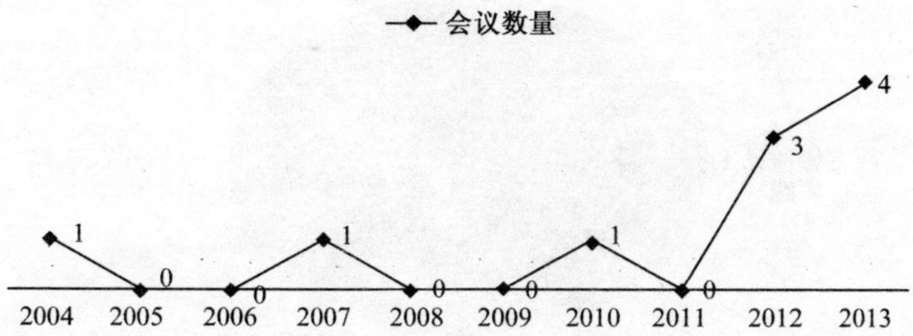

图 8-4 协商民主学术会议数量年份分布图

从上述图表可以看出，我国关于协商民主的学术会议最早从 2004 年开始，这次会议的最终成果也已结集出版[①]，这次会议后，何包钢等学者从协商民主的角度开始对浙江温岭的“民主恳谈会”进一步挖掘和设计，并在温岭进行了规范的协商式民意调查实践。2013 年 11 月 9 日至 10 日，在南开大学当代中国问题研究院主办的“协商民主理论与实践”国际研讨会中，除了国内一些著名的学者外，国外一些著名的学者也参加了这次会议，如美国斯坦福大学协商民主研究中心主任费希金教授和英国、加拿大、澳大利亚和新加坡等地的学者。从会议召开的时间分布上看，从 2012 年开始，关于协商民主议题的学术会议开始增加，这与前面分析的类似，这与十八大和十八届三中全会对协商民主的重视是分不开的。

从我国协商民主学术会议的内容可以看出，国内学术界对于协商民主的关注主要集中在中国政治改革与协商民主、中国协商民主实践、协商民主制度建设和协商民主理论。尤其对中国政治改革与协商民主的议题最为关注，大约有 8 次会议对这个议题有所涉及，这也表明我国协商民主的会议主题与政治现实有着紧密联系，如何把协商民主纳入中国的政治制度中，从而更好地发挥其功能以推进中国的民主政治发展成为重点（见图 8-5）。

---

① 这次会议的成果为陈剩勇、何包钢主编：《协商民主的发展：协商民主理论与中国地方民主国际学术研讨会论文集》，北京：中国社会科学出版社，2006 年。

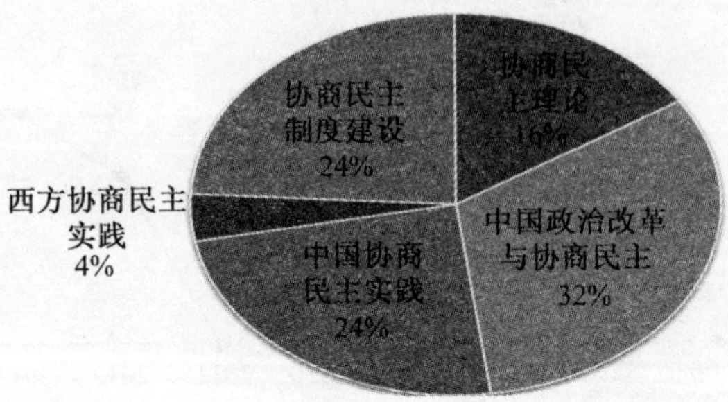

图 8-5　协商民主学术会议议题比例图

二、译著专著

本书通过"亚马逊(中国)"和"中国国家图书馆"两个比较权威和不同特点的网站,以协商民主为相关主题进行相关书目检索,尽可能地收集到出版的译著和专著,截至 2014 年 1 月 14 日,共搜索到 53 本(不包括再版的 1 本),参见表 8-8。

表 8-8　国内出版"协商民主"相关译著专著图书年度数量统计

	关于西方学说的研究和总结	译著数量	明确研究中国问题的专著	基础理论研究及其他	年度书籍数量统计
2004	0	0	0	1	1
2006	0	4	1	0	5
2007	0	0	1	2	3
2008	1	0	1	1	3
2009	0	4	2	4	10
2010	0	0	1	2	3
2011	0	0	5	3	8
2012	1	0	6	2	9
2013	1	0	8	1	10
2014	0	0	2	0	2
总数	3	8	26	16	53

注:2009 年陈家刚著的《协商民主与当代中国政治》在 2013 年 8 月再版,本项统计没有将此类再版图书收录在内。

如上表所示，国内出版的协商民主相关图书可以大致分为“西方协商民主解读”、“译著”、“中国问题研究”和“基础理论及其他”等四个方向。在这些方向中，数量最多的是“中国问题”的专著，约占 50%，侧重于“政协与协商民主”和“协商民主在中国的应用实践和空间”。关于协商民主基础理论研究和其他内容的图书（主要是基础理论研究）也比较多，约占 30%。“西方协商民主解读”和“译著”类可以归为引介的类型，约占 20%（参见图 8-6）。

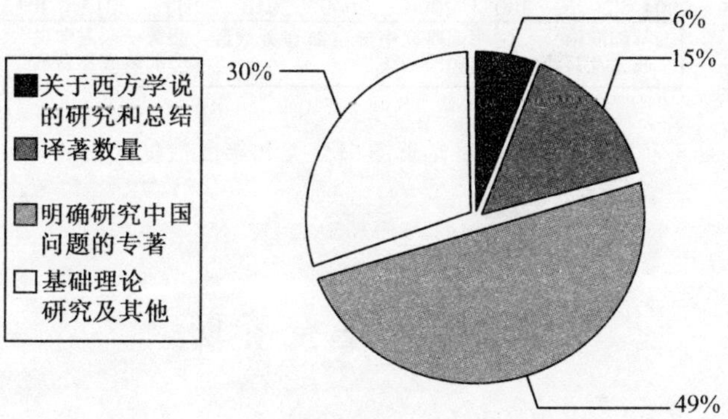

图 8-6　协商民主译著专著图书分类图

从 2004 年协商民主的第一本译著出版后，中央编译局出版社于 2006 和 2009 年出版了俞可平和陈家刚等学者主持的协商民主译丛，这对协商民主在中国研究的推动具有重要的作用。除去 2006 和 2009 年译著比较明显的年份，可以发现，我国协商民主研究专著的数量基本呈上升态势。从 2006 年开始，国内出现了第一本明确研究中国问题的相关专著，之后几年里，此类图书持续有所增长，特别是到了 2011 年后的三年内，这类专著明显增多。截至 2014 年 1 月 14 日，2014 年已经出版此类图书 2 本，可以预见的是，随着十八大和十八届三中全会对协商民主的重视，未来一段时间内，有关中国协商民主问题的图书出版将继续保持增长的态势。“西方协商民主解读”和“译著”引介类的图书数量变化没有一定规律，但可以肯定的是，同样随着十八大和十八届三中全会对协商民主的重视，会有更多的研究者关注协商民主的研究，对高水平的引介类图书也是有很大需求的，所以在未来一段时间内，这类图书还有可能集中或间歇增加（参见图 8-7）。

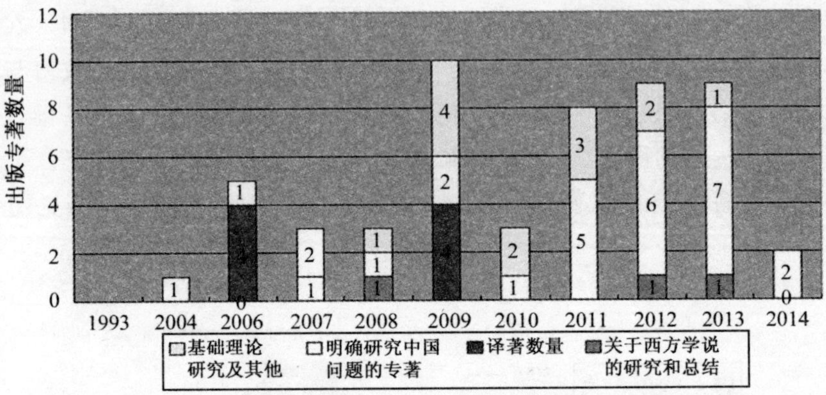

图 8-7　协商民主译著专著图书分类和年度数量变化统计

第四节　基金资助

本书选取的基金为“国家社会科学基金”（以下简称国家社科基金）和“中国高校人文社会科学基金”（简称教育部人文社科基金），由于二者是我国社会科学研究领域影响力最大的基金，其资助的立项能够反映当时的研究主题和热点。

一、立项数量

经过查询国家社科基金项目数据库和教育部人文社科基金网站，直到 2005 年，这两项基金才开始资助有关协商民主的项目，到 2012 年为止，这两项基金几乎每年都有资助协商民主相关的课题，但数量相对较少，到了 2013 年，这两项基金资助协商民主相关的课题有了大幅度增长（见表 8-9）。这主要是因为，2012 年十八大对协商民主的重视，随着 2013 年十八届三中全会对协商民主的再次重视，可以预见与协商民主有关课题的立项将会持续成为资助的热点。

表 8-9　　两项基金历年资助有关“协商民主”的项目数量

年份/项目类别	教育部人文社科基金(单位:项)	国家社科基金(单位:项)
2005	1	1
2006	1	1
2007	0	2
2008	3	3
2009	3	1
2010	2	1
2011	1	1
2012	1	0
2013	11	18
总计	23	28

二、立项学科

从两项基金资助立项的学科看，都是以政治学为主，可能由于国家社科基金和教育部人文社科基金在学科分类上不同和不能重复资助，教育部人文社科基金资助课题的学科范围更广，新闻传播学和社会学学科都有获得资助，这说明协商民主的研究除了注重基础理论研究外，也重视应用和跨学科的研究，也反映出协商民主是当前的研究热点(见表 8-10)。进一步分析发现，这两项基金资助主要体现在政治学、法学、马列科社思政和党史党建等学科上，说明自十八大以来，我国对协商民主的一些基本理论问题关注度非常高，有着较好的研究前景。

表 8-10　　两项基金资助有关协商民主项目的学科

学科/基金类别	教育部人文社科基金	国家社科基金
政治学	11	14
法学	3	4
管理学	3	
马列、科社、思政	3	4
社会学	2	
新闻传播学	1	
党史、党建		6

三、立项主题

就具体立项主题而言，这两项基金都主要资助以协商民主为主题的课题，其他的资助主题大致可以包括政治协商、协商行政、协商治理、公共协商、民主协商和党建与协商等。由于研究方法和对象不同，资助项目对协商民主研究的角度也不尽相同，有的对协商民主进行理论、制度和实践研究，有的从协商民主的视角研究其他问题，如基层党建；从 2013 年开始，以研究协商民主为主题的开始增多，也出现了对协商民主的跨领域研究，如法学和新闻学等(见表 8-11)。

表 8-11　　两项基金资助有关协商民主的项目主题

项目类别/基金类别	教育部人文社科基金(项)	国家人文社科基金(项)
协商民主	14	21
政治协商	2	3
协商行政	2	1
协商治理	3	0
公共协商	1	0
民主协商	1	0
党建与协商		3

另外，如果进一步分析获得资助的名单可以发现，由于教育部人文社科基金是面向高校，所以获得资助的单位无一例外全都是各类高校，其中尤以“211”和“985”高校居多，其他一般高校获得资助的数量较少。国家社科基金是面向国内所有的科研机构和政府部门，所以除了“211”和“985”高校是获得的主力外，各级党校和党政机关所获得资助也比较多。

第九章 结 语

在协商民主看来，选举民主有着诸多的弊端，不是一种理想的民主制度。首先，它把民主简化为一种达成政治决定的制度安排。在这种安排下，社会成员被分为精英和普通民众。民众被认为是消极的、被动的和无能力的，他们对政治的疏离感被认为是民主政治顺利运行的前提，普通民众的作用只是通过投票来选出替他们治理国家的代理人。民主也仅仅是择取领导人竞争程序的一种方法的副产品而已。其次，选举民主把民主简化为多数决定原则。以多数认定原则为裁决机制的民主选举的量化比较所衍生的另一个问题就是：多数人赞同的选择是否就是在理性检验下较为完善的并且以公共利益为考虑的选项。第三，选举民主把政治比拟为市场，政党制造出商品在政治市场进行叫卖。公民是理性、自利和消极的消费者，根据利益最大化原则，公民通过投票对商品进行选择。投票的过程就是不同利益和偏好之间竞争与汇集的过程，不存在对共善的期望与表达。总的来说，协商民主理论是始于对选举民主上述内容的批评。选举民主是一种“弱势民主”，它本身并没有实现人民参与治理的民主理想。如“几千个佛罗里达州的选民通过只有少数公民参加的、遭到非议的选举，竟然可以决定中东战争的这一事实与民主的理想相差万里”①。

“救治民主的弊端的唯一办法是实行更多的民主”，但只有当新的民主

① [法]皮埃尔·卡蓝默：《破碎的民主——试论治理的革命》，高凌瀚译，北京：三联书店出版社，2005年，第2页。

在本质上不同于旧民主时,更多的民主才能够救治民主的弊端。协商民主在两个方面不同于选举民主。第一,选举民主是一种间接民主,强调公民通过选举的程序,授权给自己的代理人,让他们为自己治理国家;而协商民主是一种直接民主,认为公民的参与不应该仅仅局限于选举,更强调公民直接参与公共事务的治理。第二,选举民主强调选票和多数决原则,而协商民主把注意力放在投票之前相关意见的表达和达成共识的公共协商和讨论的过程。实际上,协商民主通过公民直接参与的协商仅仅是对选举民主的辅助和纠正,它不是全盘取代也不可能取代选举民主的运作,它只能依存于现有的民主体制的活动或过程,当今国家的顺利运行还离不开选举民主所构建的代议政体。

可以说,选举民主在本质上是平面式的,只是发现和描述现实民主运作的事实。但是,如果仅仅满足于对现实描述的民主,民主则会变成一种没有价值取向的政治权术,将失去进步的动力。因为,民主的进步是从其理想和现实的相互作用中,从应然的推动力和实然的抗拒力的相互作用中产生的。① 与选举民主相比较而言,协商民主是立体式的,希望用理想的力量改善现实并提升民主的品质,"是企图为民主的未来筑梦,是民主想象的继续而非对民主现状的描绘"②。因此,协商民主可以说是一种规范性的理论,试图恢复古典民主中公民的积极身份和协商的传统,重新肯定参与和协商在民主理论建构中的重要意义,提供了对现存民主制度一个检验和批判的标准,从而有助于提升民主的质量。但是,如果把协商民主作为解决选举民主所产生问题的万灵丹,显然过于浪漫和乐观,同任何理论一样,协商民主也面临着质疑和挑战,如协商不一定民主,相反,却有可能导致群体的两极分化;在协商条件不平等的情况下,强势群体将不可避免地主导公共协商的过程,弱势群体也将不可避免地被忽略。

虽然选举民主面临着诸多的批判,但是这似乎并没有阻止它在全世界的扩张。有无全国性的竞争式选举被看作一个国家是否民主的金字招牌。20世纪后期兴起的"第三波"民主化浪潮就是以竞争式民主为目标。但是现在看来,这种民主化的结果并非尽如人意。如扎卡里亚在看到秘鲁、阿根

---

① [美]乔万尼·萨托利:《民主新论》,冯克利、阎克文译,北京:东方出版社,1998年,第8～9页。

② 许国贤:《商议式民主与民主想象》,载《政治科学论丛》2000年第13期。

廷、菲律宾和哈萨克斯坦等国新选举的领导人限制人民的权利、滥用手中的权力后，发出警告说，草率而匆忙的自由竞争式民主将引发“非自由主义民主”之痛。[①] 曼斯菲尔德(Edward Mansfield)和斯奈德(Jack Snyder)从前南斯拉夫和苏联发生的暴力冲突中得出这样的结论：民主化国家比稳定的独裁政府更容易引起冲突。蔡爱眉(Amy Chua)对亚洲各地的种族冲突充满忧虑，认为在拥有“主导市场的少数族群”(market-dominant minorities)的国家，如果同时追求民主化和市场改革将会导致族群冲突和对市场的反抗。[②]

“民主的基础是民主的双腿，只有在测量了双腿和它们的跨度之后，理想才能真正显现出风采，才会给我们的步伐以动力和方向。”[③]把选举民主引进之前，更应该关注这个国家经济、政治和社会的基础条件，尤其是这个国家的历史遗产对竞争式民主的接纳程度。不应该假设民主化——特别是公开竞争性的选举——就永远是好的。在不具备条件的国家，仅仅靠选举单枪匹马的突进，往往产生不良的后果，如非自由主义倾向的领导人或极端

---

① Fareed Zakaria. *The Future of Freedom*: *Illiberal Democracy at Home and Abroad*. New York: W. W. Norton, 2003. Fareed Zakaria. The Rise of Illiberal Democracy. *Foreign Affairs*, Vol. 76(6), 2007, pp. 22-43.

② Carothers Thomas. How Democracies Emerge: The ‘Sequencing’ Fallacy. *Journal of Democracy*, Vol. 18(1), 2007, p. 12. 蔡爱眉是耶鲁大学法学院的教授，她认为“主导市场的少数族群”(market-dominant minorities)的现象就是：由于种种原因，一些少数族群在市场经济的条件下，在经济上起控制作用，在很大程度上控制着他们周围的“本土”族群。这种现象非常普遍，在菲律宾、印尼和缅甸等国家，华人是主导市场的少数族群；在南非、巴西、厄瓜多尔和危地马拉等国家，白人是主导市场的少数族群；在西非的国家，黎巴嫩人是主导市场的少数族群等。主导市场的少数族群是自由主义民主的不起眼却又致命的缺陷，在有主导市场的少数族群存在的国家，市场和民主不单偏爱不同人，或者不同阶级，而且偏爱不同的族群。市场为主导市场的少数族群聚敛了大量的财富，而民主则赋予了贫困的大多数人以政治力量。这种情况下，对自由主义民主和市场经济的追求，成为启动潜在的灾难性民族国家主义的发动机，“本土”的多数族群在追求选票的政客的煽动下，会用暴力对抗他们仇视的富有的少数族群。因此，蔡爱眉反对把市场和民主看作是治理发展中国家病症的万灵丹，只能说，从长远看，市场和民主也许能给发展中国家带来最佳的经济和政治前景，但在短期内，市场和民主却是问题的一部分。尤其在那些普遍贫困和主导市场的少数族群的国家中，民主和市场——至少以目前它们被推行的形式看——只能处于彼此的强烈对峙状态。这种情况下，同时追求市场经济和自由民主化，会不断催生种族冲突，并导致灾难性后果，即种族灭绝性的暴力以及对市场和民主自身的颠覆。(参见[美]蔡爱眉：《起火的世界——输出自由市场民主酿成种族仇恨和全球动荡》，刘怀昭译，北京：中国大百科全书出版社，2005年，第1～20页)

③ [美]乔万尼·萨托利：《民主新论》，冯克利、阎克文译，北京：东方出版社，1998年，第175页。

分子掌权、族群或其他方式的国内冲突,以及国家之间的战争。[①]

这些教训告诉我们,中国目前的民主政治发展显然不可能以自由竞争式选举民主为蓝本。但是,问题在于,中国的民主政治发展可以回避竞争式民主,却难以回避选举向上的推进。如同画家不能在一个平面上把立体的各方面同等地表现出来,只能选择一个主要方面正对着光线,把其他方面都放在了背阴处,以方便更好地看到正面。[②] 选举和协商都是民主的重要内容,是实现民主政治的不同形式。选举民主强调竞争,意味着把管理的权力委托给代理人,是一种代议民主。协商民主强调共识,意味着公民亲自对公共决策发表意见,是一种直接民主。选举不否定协商,协商也不否定选举,这两者之间并非一种形式天然地优越于另一种形式。只是当前中国的民主政治发展有着明确的价值取向和制度基础,应该考虑到其可行性。因此,更多地借助选举民主的阴影来反衬协商民主在中国的运用。

实际上,"尽管选举常常是不可靠的和令人质疑的,但目前在世界上绝大多数国家,选举已经成为执政者取得合法性的关键步骤。在前苏联、非洲、中东和其他国家与地区,许多半独裁的领导人常常煞费苦心地举行至少似是而非的选举,而不是未通过选举就直接掌权,就证明了这一点。在许多国家,真实的情况可能是有选举但并非有民主,然而在任何国家,无选举则根本不可能有民主。"[③]

因此,只要发展中国的民主政治,即使选举在中国面临再大的困境,终究是绕不过去的一个门槛。不能认为协商民主可以缓解选举民主的压力,我们就可以无限期地推迟选举民主在中国的实现。实际上,在现实条件下,中国的民主政治发展不能在"选举民主"与"协商民主"之间进行"单项选择",也要两手抓:一方面对改革开放后日益增长的竞争性民主的需求适当回应,在国家可控的条件下自下而上地扩大选举民主的范围和质量;另一方面要大力发展协商民主,让普通公民参与到公共治理中来。

---

① Carothers Thomas. How Democracies Emerge: The 'Sequencing' Fallacy. *Journal of Democracy*, Vol. 18(1), 2007, p. 12.

② [法]笛卡儿:《谈谈方法》,王太庆译,北京:商务印书馆,第 35 页。

③ Carothers Thomas. How Democracies Emerge: The 'Sequencing' Fallacy. *Journal of Democracy*, Vol. 18(1), 2007, p. 21.

参考文献

一、中文文献

修昔底德:《伯罗奔尼撒战争史》,谢德风译,北京:商务印书馆,1960年。

亚里士多德:《政治学》,吴寿彭译,北京:商务印书馆,1965年。

里普逊:《民主新诠》,香港:新知出版社,1972年。

孟德斯鸠:《论法的精神》上、下册,张雁深译,北京:商务印书馆,1982年。

彭怀恩:《精英民主理论评介》,台北:正中书局,1983年。

乔治·霍兰·萨拜因:《政治学说史》上册,盛葵阳、崔妙因译,北京:商务印书馆,1986年。

艾伦·C·艾萨克:《政治学:范围与方法》,郑永年等译,杭州:浙江人民出版社,1987年。

古德诺:《政治与行政》,王元、杨白朋译,北京:华夏出版社1987年。

吴春波编译:《官僚制统治》,北京:民族出版社,1988年。

亨廷顿:《难以抉择——发展中国家的政治参与》,汪晓寿译,北京:华夏出版社,1989年。

加布里埃尔·A·阿尔蒙德、西德尼·维巴:《公民文化——五国的政治态度和民主》,马殿君等译,杭州:浙江人民出版社,1989年。

王振海:《民主与中国人》,北京:中国广播电视出版社,1989年。

孙琬钟:《立法学教程》,北京:中国法制出版社,1990年。

李林:《立法机关比较研究》,北京:人民日报出版社,1991年。

河清:《民主的乌托邦》,香港:明报出版社,1994年。

白益华:《中国基层政权的改革与探索》,北京:中国社会出版社,1995年。

刘泽华主编:《中国政治思想史》(隋唐宋元明清卷),杭州:浙江大学出版社,1996年。

刘泽华主编:《中国政治思想史》(先秦卷),杭州:浙江大学出版社,1996年。

J. S. 密尔:《代议制政府》,汪瑄译,北京:商务印书馆,1997年。

卢梭:《社会契约论》,何兆武译,北京:商务印书馆,1997年。

罗尔斯:《正义论》,何怀宏等译,北京:中国社会科学出版社,1997年。

洛克:《政府论》上、下册,叶启芳、瞿菊农译,北京:商务印书馆,1997年。

胡伟:《政府过程》,杭州:浙江人民出版社,1998年。

乔万尼·萨托利:《民主新论》,冯克利、阎克文译,北京:东方出版社,1998年。

萧公权:《中国政治思想史》,沈阳:辽宁教育出版社,1998年。

黄俊杰、何寄澎主编:《台湾的文化发展:世纪之交的省思》,台北:台湾大学出版社,1999年。

罗伯特达尔:《论民主》,李柏光、林猛译,北京:商务印书馆,1999年。

约翰·邓恩编:《民主的历程》,林猛等译,长春:吉林人民出版社,1999年。

罗尔斯:《政治自由主义》,万俊人译,南京:译林出版社,2000年。

方福前:《公共选择理论——政治的经济学》,北京:中国人民大学出版社,2000年。

古斯塔夫·勒庞:《乌合之众——大众心理研究》,冯克利译,北京:中央编译出版社,2000年。

约瑟夫·熊彼特:《资本主义、社会主义与民主》,吴良健译,北京:商务印书馆,2000年。

郭秋永:《当代三大民主理论》,台北:联经出版社,2001年。

何信全:《儒学与现代民主》,北京:中国社会科学出版社,2001年。

江宜桦:《自由民主的理路》,台北:联经出版社,2001 年。

林猛:《论古典民主与现代民主——历史视角的民主研究》,北京大学博士学位论文,2001 年。

约翰·索利:《雅典民主》,王琼淑译,上海:上海译文出版社,2001 年。

马丁·洛克林:《公法与政治理论》,郑戈译,北京:商务印书馆,2002 年。

张明贵:《民主理论》,台北:五南图书出版公司,2002 年。

加塔诺·莫斯卡:《统治阶级》,贾鹤鹏译,南京:译林出版社,2002 年。

汪行福:《通往话语民主之路——与哈贝马斯对话》,成都:四川人民出版社,2002 年。

汪全胜:《立法听证制度研究》,北京:北京大学出版社,2003 年。

加藤节:《政治与人》,唐士其译,北京:北京大学出版社,2003 年。

罗伯特·米歇尔斯:《寡头统治铁律——现代民主制度中的政党社会学》,任军峰等译,天津:天津人民出版社,2003 年。

塞奇·莫斯科维奇:《群氓的时代》,许列民译,南京:江苏人民出版社,2003 年。

哈贝马斯:《在事实与规范之间——关于法律和民主法治国的商谈理论》,童世骏译,北京:三联书店,2003 年。

潘维:《法治与"民主迷信"》,香港:香港社会科学出版社,2003 年。

维尔弗雷多·帕累托:《精英的兴衰》,刘北成译,上海:上海人民出版社,2003 年。

陈家刚选编:《协商民主》,上海:上海三联书店,2004 年。

冯克利:《尤利西斯的自缚》,南京:江苏人民出版社,2004 年。

格林、沙皮罗:《理性选择理论的病变——政治学应用批判》,徐湘林、袁瑞军译,桂林:广西师范大学出版社,2004 年。

高全喜主编:《大国》第 1 期,北京:北京大学出版社,2004 年。

郝大维、安乐哲:《先贤的民主:杜威、孔子与中国民主之希望》,南京:江苏人民出版社,2004 年。

王沪宁主编:《政治的逻辑》,上海:上海人民出版社,2004 年。

安东尼·唐斯:《民主的经济理论》,姚洋等译,上海:上海人民出版社,2005 年。

蔡爱眉:《起火的世界——输出自由市场民主酿成种族仇恨和全球动

荡》,北京:中国大百科全书出版社,2005 年。

郭道久:《以社会制约权力——民主的一种解析视角》,天津:天津人民出版社,2005 年。

哈贝马斯:《公共领域的结构转型》,曹卫东译,上海:学林出版社,2005 年。

李凡主编:《中国选举制度改革》,上海:上海交通大学出版社,2005 年。

慕毅飞主编:《民主恳谈——温岭人的创造》,北京:中央编译出版社,2005 年。

理查德·贝拉米:《重新思考自由主义》,王萍等译,南京:江苏人民出版社,2005 年。

钱穆:《中国历代政治得失》,北京:三联书店,2005 年。

肖滨、郭忠华主编:《中大政治学评论》,广州:中山大学出版社,2005 年。

许雅棠:《民本治理学》,台北:台湾商务印书馆,2005 年。

于兆波:《立法决策论》,北京:北京大学出版社,2005 年。

俞可平:《增量民主与善治》,北京:社会科学文献出版社,2005 年。

约翰·克莱顿·托马斯:《公共决策中的公民参与——公共管理者的新技能与新策略》,孙柏瑛等译,北京:中国人民大学出版社,2005 年。

塞拉本哈比:《民主与差异:挑战政治的边界》,黄相怀等译,北京:中央编译出版社,2006 年。

詹姆斯·博曼、威廉·雷吉主编:《协商民主:论理性与政治》,陈家刚等译,北京:中央编译出版社,2006 年。

詹姆斯·博曼:《公共协商:多元主义、复杂性与民主》,黄相怀译,北京:中央编译出版社,2006 年。

卡罗尔·佩特曼:《参与和民主理论》,陈尧译,上海:上海人民出版社,2006 年。

凯斯·R·孙斯坦:《设计民主:论宪法的作用》,金朝武 刘会春译,北京:法律出版社,2006 年。

本杰明·巴伯:《强势民主》,彭斌、吴润洲译,长春:吉林人民出版社,2006 年。

陈剩勇、何包钢主编:《协商民主的发展》,北京:中国社会科学出版社,2006 年。

大卫·马什、格里·斯托克编:《政治科学的理论与研究方法》,景跃进等译,北京:中国人民大学出版社,2006 年。

毛里西奥·帕瑟林·登特里维斯主编:《作为公共协商的民主——新的视角》,王英津等译,北京:中央编译出版社,2006 年。

牟宗三:《政道与治道》,桂林:广西师范大学出版社,2006 年。

约翰·S·德雷泽克:《协商民主及其超越:自由与批判的视角》,丁开杰等译,北京:中央编译出版社,2006 年。

张立文:《和合学:21 世纪文化战略的构想》,北京:人民大学出版社,2006 年。

朱云汉:《对民主与市场的反思:一个政治学者在二十一世纪开端的沉痛思考》,"民主这条路:全球视野下的民主体检"国际研讨会,台北,2006 年。

罗豪才等:《软法与协商民主》,北京:北京大学出版社,2007 年。

皮伟兵:《"和为贵"的政治伦理追求——"和"视域中的先秦儒家政治伦理思想研究》,上海:上海三联书店,2007 年。

阿米·古特曼、丹尼斯·汤普森:《民主与分歧》,杨立峰、葛水林、应奇译,北京:东方出版社,2007 年。

金安平:《民主协商与协商民主:当代中国政党的理论与实践》(第二届"北京大学政党研究论坛"论文集》,北京:文联出版社,2007 年。

王维国、何深思编著:《协商民主与政治发展》,北京:红旗出版社,2007 年。

韩冬梅:《西方协商民主理论研究》,北京:中国社会科学出版社,2008 年。

何包钢:《协商民主:理论方法和实践》,北京:中国社会科学出版社,2008 年。

莫吉武、杨长明、蒋余浩:《协商民主与有序参与》,北京:中国社会科学出版社,2009 年。

王心岳:《中国特色社会主义协商民主》,西宁:青海人民出版社,2009 年。

伊森·里布:《美国民主的未来:一个设立公众部门的方案》,朱昔群、李定文、余艳红译,北京:中央编译出版社,2009 年。

约·埃尔斯特:《协商民主:挑战与反思》,周艳辉译,北京:中央编译出版社,2009 年。

詹姆斯·费希金、彼得·拉斯莱特:《协商民主论争》,张晓敏译,北京:中央编译出版社,2009 年。

张小罗:《论网络媒体之政府管制》,北京:知识产权出版社,2009 年。

贝淡宁、李万全:《超越自由民主》,上海:上海三联书店,2009 年。

陈家刚:《协商民主与当代中国政治》,北京:中国人民大学出版社,2009 年。

高建、佟德志:《协商民主》,天津:天津人民出版社,2010 年。

郝在今:《协商建国:中国民主 1949》,桂林:漓江出版社,2010 年。

阳安江:《协商民主研究》,北京:同心出版社,2010 年。

陈家刚、俞可平:《协商民主与政治发展》,北京:社会科学文献出版社,2011 年。

陈坤:《从直接管制到民主协商:长江流域水污染防治立法协调与法制环境建设研究》,上海:复旦大学出版社,2011 年。

李仁彬、黄国华、杨子均等:《中国协商民主理论与实践探析》,成都:四川大学出版社,2011 年。

刘仁勇:《中国协商民主理论与实践》,成都:四川人民出版社,2011 年。

陶富源:《中国特色协商民主论》,芜湖:安徽师范大学出版社,2011 年。

王洪树:《协商合作视野下的民主政治研究》,北京:中国社会科学出版社,2011 年。

王民朴、万远英、钟兴明:《中国特色社会主义民主政治发展道路研究》,北京:人民出版社,2011 年。

周国富:《人民政协协商民主论集:浙江省人民政协理论研究会第二次理论研讨会论文集》,杭州:浙江大学出版社,2011 年。

李允熙:《从政治协商走向协商民主:中国人民政协制度的改革与发展研究》,北京:社会科学文献出版社,2012 年。

陈朋:《国家与社会合力互动下的乡村协商民主实践:温岭案例分析》,上海:上海人民出版社,2012 年。

戴激涛:《协商民主研究:宪政主义视角》,北京:法律出版社,2012 年。

陈炳辉:《参与式民主的理论》,厦门:厦门大学出版社,2012 年。

景跃进、张小劲、余逊达:《理解中国政治:关键词的方法》,北京:中国社会科学出版社,2012 年。

杨弘:《中国协商民主模式及其发展研究》,长春:东北师范大学出版社,2012年。

俞可平:《敬畏民意:中国的民主治理与政治改革》,北京:中央编译出版社,2012年。

张扬金:《哈贝马斯协商民主思想研究:权利观与权力观重塑》,北京:中国社会科学出版社,2012年。

刘振强:《当代中国的政治协商》,湘潭:湘潭大学出版社,2013年。

卢瑾:《西方参与式民主理论发展研究》,北京:人民出版社,2013年。

马黎晖、雷琳:《中国协商民主理论与实践》,北京:社会科学文献出版社,2013年。

刘俊杰:《当代中国党际协商民主研究》,南京:江苏大学出版社,2013年。

韩福国:《开放式党建:协商民主与群众路线的融合》,上海:上海人民出版社,2013年。

黄国华、李超、吴碧君、吴欣:《中国社会主义协商民主思想史稿》,成都:西南交通大学出版社,2013年。

李静美:《选举民主与协商民主之研究》,北京:华龄出版社,2013年。

李强彬:《协商民主与公共政策前决策过程优化:中国的视角》,成都:四川大学出版社,2013年。

王绍光、樊鹏:《中国式共识型决策:"开门"与"磨合"》,北京:中国人民大学出版社,2013年。

陈家刚:《协商民主与国家治理:中国深化改革的新路向新解读》,北京:中央编译出版社,2014年。

郝在今:《协商民主:中国特色政治协商制度开创纪实》,北京:金城出版社,2014年。

陈端洪:《立法的民主合法性与立法至上》,载《中外法学》1998年6期。

陈俊宏:《邻避(NIMBY)症候群,专家政治与民主审议》,载《东吴大学学报》1999年第10期。

黄东益:《审慎思辨民调——研究方法的探讨与可行性评估》,载《民意调查季刊》2000年第1期。

阿玛蒂亚·森:《民主的价值观放之四海而皆准》,载《当代中国研究》2000年第2期。

许国贤:《商议式民主与民主想象》,载《政治科学论丛》2000 年第 13 期。

康晓光:《再论“行政吸纳政治”——90 年代中国大陆政治发展与政治稳定研究》,载《二十一世纪》(网络版)2002 年 8 月号。

林尚立:《协商政治:对中国民主政治发展的一种思考》,载《学术月刊》2003 年第 4 期。

刘晔《公共参与、社区自治与协商民主——对一个城市社区公共交往行为的分析》,载《复旦学报》(社会科学版)2003 年第 5 期。

林国民、陈东升:《公民会议与审议式民主:全民健保的公民参与经验》,载《台湾社会学》2003 年第 6 期。

谢宗学:《网际民主与审议民主之实践——资讯化社会的桃花源村?》,载《资讯社会研究》2003 年第 4 期。

卢倩仪:《审议式超国家主义》,载《问题与研究》2004 年第 6 期。

吴乐珍:《协商民主理论与中国地方民主的实践国际学术研讨会综述》,载《浙江社会科学》2005 年第 1 期。

陈剩勇:《协商民主理论与中国》,载《浙江社会科学》2005 年第 1 期。

丛日云:《当代中国政治语境中的“群众”概念分析》,载《政法论坛》2005 年第 2 期。

孙柏瑛:《公民参与形式的类型及其适用性分析》,载《中国人民大学学报》2005 年第 5 期。

许国贤:《民主的政治成本》,载《人文及社会科学集刊》2005 年第 6 期。

陈尧:《从参与到协商——当代参与型民主理论之前景》,载《学术月刊》2006 年第 8 期。

盛华仁:《依法做好县乡两级人大换届选举工作》,载《求是》2006 年第 16 期。

黄东益:《审议日:治理的乌托邦或务实的民主创新工程?》,载《公共行政学报》2006 年第 18 期。

裴敏欣:《抗争会否导致中国大乱》,载 2004 年 9 月 8 日《苹果日报》。

何包钢:《协商民主之方法》,载 2006 年 2 月 13 日《学习时报》。

二、英文文献

Adrian Karatnycky. Muslim Countries and the Democracy Gap. *Journal of Democ-*

racy, Vol. 13(1), 2002.

Amy Gutmann and Dennis Thompson. *Why Deliberative Democracy?* Princeton University Press, 2004.

Bruce Ackerman and James S. Fishkin. Deliberation Day, *Public Opinion Quarterly*, Vol. 68(4), 2004.

Cass R. Sunstein. Deliberative Trouble? Why Groups Go to Extremes. *The Yale Law Joural*, Vol. 110(1), 2000.

Christian F. Rostboll. *Deliberative Freedom: Deliberative Democracy As Critical Theory*. State University of New York Press, 2008.

Christopher F. Zurn. *Deliberative Democracy and the Institutions of Judicial Review*. Cambridge University Press, 2007.

David Kahane, Daniel Weinstock, Dominique Leydet and Melissa Williams eds. *Deliberative Democracy in Practice*. UBC Press, 2010.

Diana C. Mutz. *Hearing the Other Side: Deliberative versus Participatory Democracy*. Cambridge University Press, 2006.

Henry Robert. *Robert's Rules of Order: Pocket Manual of Rules of Order for Deliberative Assemblies*. Applewood Books, 2007.

James S. Fishkin, Robert C. Luskin and Roger Jowell. Deliberative Polling and Public Consultation. *Parliamentary Affairs*. Vol. 53(4), 2000.

James S. Fishkin. *When the People Speak: Deliberative Democracy and Public Consultation*. Oxford University Press, 2009.

James S. Fishkin. The Nation in a Room: Turning Public Opinion into Policy. *Boston Review*, 2006.

John Gastil and Peter Levine eds. *The Deliberative Democracy Handbook: Strategies for Effective Civic Engagement in the Twenty-First Century*. Jossey-Bass, 2005.

John Parkinson, Jane Mansbridge eds. *Deliberative Systems: Deliberative Democracy at the Large Scale*. Cambridge University Press, 2012

John S. Dryzek. *Foundations and Frontiers of Deliberative Governance*. Oxford University Press, 2010

Jon Elster ed. *Deliberative Democracy*. Cambridge University Press, 1998.

Jürg Steiner. *The Foundations of Deliberative Democracy: Empirical Research and Normative Implications*. Cambridge University Press, 2012.

Lynn M. Sanders. Against Deliberation. *Political Theory*, Vol. 25(3), 1997.

Maarten A. Hajer and Hendrik Wagenaar eds. *Deliberative Policy Analysis: Understanding Governance in the Network Society*. Cambridge University Press, 2003

Mansbridge J. Deliberative Polling as the Gold Standard. *The Good Society*, Vol. 19(1),2010.

Robert E. Goodin. *Innovating Democracy: Democratic Theory and Practice After the Deliberative Turn*. Oxford University Press, 2008.

Suzanne Ogden. *Inklings of Democracy in China*. Harvard University Press, 2002.

Terrence Kelly. Unlocking the Iron Cage:Public Administration in the Deliberative Democracy Theory of Jurgen Habermas. *Administration & Society*, Vol. 36(1),2004.

三、古籍

《国语》,中华书局,2007 年。

《礼记》,中华书局,2006 年。

《吕氏春秋》,中华书局,2007 年。

《孟子》,中华书局,2006 年。

《尚书》,中华书局,2009 年。

黄宗羲:《明夷待访录》,中华书局,2011 年。

四、网站

Center for Deliberative Democracy:http://cdd. stanford. edu

Center for Public Deliberation: http://www. uhd. edu/academic/colleges/humanities/uhd_cpd/

Community Research and Development Information Service of European Commission:http://cordis. europa. eu/

Danish Board of Technology Foundation:http://www. tekno. dk

Deliberative Democracy Consortium:http://www. deliberative-democracy. net/

Jefferson Center:http://www. jefferson-center. org

Participedia:http://www. participedia. net/

Public Deliberation:http://www. publicdeliberation. net/

后 记

本书是在笔者博士论文的基础上修改而成的。2005年进行博士论文选题和写作的时候，协商民主还没有引起国内学界过多的关注，研究成果还相对较少。2012～2013年，笔者到哈佛大学肯尼迪政府管理学院访学，有机会系统聆听了 Pippa Norris 教授的 Challenges of Democratization 和 Alex Keyssar 教授的 Understanding Democracy Through History 等课程，也和 Anthony Saich 和 Archon Fung 等教授进行了交流，加深了对协商民主等问题的认识。

经过近十年的发展，协商民主逐渐成为学界研究的热点，也成为党和国家施政纲领的一部分，各类成果已蔚为可观。虽然本书尽可能地把国内外这几年研究协商民主的成果进行了系统梳理，但由于各方面的限制，未能对其充分地解读；对于协商民主在中国本土化的问题，尤其对十八届三中全会提出的有关协商民主论述虽有涉及，但这方面的研究还需要加强。因此，本书还存在不足，希望能在将来的研究中得到弥补。

非常感谢《文史哲》、《马克思主义与现实》、《科学社会主义》、《国家行政学院学报》、《经济社会体制比较》、《山东社会科学》、《东岳论丛》、《法学论坛》、《学习与探索》等期刊先后发表了本书的部分成果！非常感谢山东大学政治学与公共管理学院提供的出版基金和教育部人文社科项目“我国协商民主制度创新与建构研究”(13YJC810012)的资助，才得以使本书顺利出版！非常感谢卢慧梅、王昕程、孟晓敏、李珍珍、李婷和毛庆铎等同学对一些资料的收集工作!

最后要特别感谢山东大学出版社徐翔老师在本书编辑过程中所付出的努力!

马　奔

2014年6月